本书是国家社会科学基金教育学一般课题"文化视野中的一流大学学科生态生成机理与治理策略研究"（BIA180221）的最终研究成果。

光明社科文库
GUANGMING DAILY PRESS:
A SOCIAL SCIENCE SERIES

·教育与语言书系·

文化视野中一流大学学科生态
生成机理与治理策略

蒋洪池 | 著

光明日报出版社

图书在版编目（CIP）数据

文化视野中一流大学学科生态生成机理与治理策略 /
蒋洪池著 . -- 北京：光明日报出版社，2022.11
ISBN 978 - 7 - 5194 - 7013 - 5

Ⅰ.①文… Ⅱ.①蒋… Ⅲ.①高等学校—学科建设—
研究—中国 Ⅳ.①G642.3

中国版本图书馆 CIP 数据核字（2022）第 244780 号

文化视野中一流大学学科生态生成机理与治理策略

WENHUA SHIYE ZHONG YILIU DAXUE XUEKE SHENGTAI SHENGCHENG JILI YU ZHILI CELÜE

著　者：蒋洪池			
责任编辑：石建峰		责任校对：杨　茹　张慧芳	
封面设计：中联华文		责任印制：曹　净	

出版发行：光明日报出版社

地　　址：北京市西城区永安路 106 号，100050

电　　话：010 - 63169890（咨询），010 - 63131930（邮购）

传　　真：010 - 63131930

网　　址：http://book.gmw.cn

E - mail：gmrbcbs@ gmw.cn

法律顾问：北京市兰台律师事务所龚柳方律师

印　　刷：三河市华东印刷有限公司

装　　订：三河市华东印刷有限公司

本书如有破损、缺页、装订错误，请与本社联系调换，电话：010-63131930

开　　本：170mm×240mm

字　　数：200 千字　　　　　　印　　张：13

版　　次：2023 年 7 月第 1 版　　印　　次：2023 年 7 月第 1 次印刷

书　　号：ISBN 978 - 7 - 5194 - 7013 - 5

定　　价：85.00 元

前　言

我国一流大学建设关乎高等教育强国的实现，学科是一流大学的基本单元，良好的学科生态关乎一流大学建设的成败。我国一流大学学科生态是在多种因素综合作用下动态演化而来的，其中文化作为影响因素，在学科生态发展中发挥着重要作用，文化在不断选择、吸收与整合的过程中，动态调整着学科生态发展的方向和步伐，是影响和制约学科生态生成和治理最为持久的关键要素。

"双一流"建设是国家在高等教育领域的重要战略举措，一流大学建设有赖于一流学科建设，因此要把大学发展的基点落到学科建设上来，致力于探索适合中国国情的大学学科发展模式。习近平总书记也多次强调我国必须走自己的高等教育发展道路，扎实办好中国特色社会主义高校。

本书主要采用文献研究法、案例研究法和比较研究法，立足文化视角，从文化三层次（社会文化、大学文化、学科文化）和文化四维度（物质文化、制度文化、精神文化、行为文化）出发，选取国内外有代表性的5所一流大学作为研究对象，主要从学科知识生态、学科组织生态和学科人生态等方面探究一流大学学科生态发展历程，并进行比较分析和问题反思，旨在总结文化视野中一流大学学科生态的生成机理，提出文化视野中我国一流大学学科生态的治理策略。

全书共分七章。

第一章，文化视野中一流大学学科生态研究的缘起。本章阐述文化视野中一流大学学科生态研究的目的和意义、国内外研究现状以及研究思路与方法。

　　第二章，文化视野中一流大学学科生态研究的基础性理论。本章主要阐述文化视野中一流大学学科生态的内涵界定、核心内容以及理论基础。

　　第三章，文化对大学学科生态生成与治理的影响。本章主要探究文化对学科生态三要素（学科知识生态、学科组织生态和学科人生态）的影响，明晰文化对学科生态作用与影响的内在机理。

　　第四章，文化视野中的我国一流大学学科生态生成与治理。本章根据不同的大学类型，从42所中国一流大学中选择有代表性的3所大学进行案例分析，主要探究文化视野中我国3所一流大学学科生态生成与治理的发展历程。

　　第五章，文化视野中的英美一流大学学科生态生成与治理。本章选择英国剑桥大学和美国哈佛大学作为案例，着重探究其学科生态生成与治理的发展历程。

　　第六章，文化视野中一流大学学科生态的生成机理。本章在比较分析5所国内外一流大学学科生态生成与治理发展历程的基础上，归纳总结文化视野中一流大学学科生态生成机理的个性与共性。

　　第七章，文化视野中我国一流大学学科生态治理策略。本章在对文化视野中我国一流大学学科生态的问题进行反思的基础上，提出文化视野中我国一流大学学科生态的治理策略。

目 录
CONTENTS

第一章

文化视野中一流大学学科生态研究的缘起

第一节　研究目的和意义

"双一流"建设是目前我国高等教育领域的高频词和研究热点，创建世界一流大学关系到我国大学综合实力的增强和高等教育强国建设的成败。2017年1月，教育部、财政部、国家发展改革委制定并印发《统筹推进世界一流大学和一流学科建设实施办法（暂行）》，同年9月公布了"双一流"建设名单，党的十九大报告也明确提出加快一流大学和一流学科建设，实现高等教育内涵式发展。

学科生态是借助生态学相关原理分析学科的发展规律，研究文化视野中我国一流大学学科生态就是要将学科发展放在整个文化背景下统筹考虑，更加关注学科发展的内在逻辑，这也是我国"双一流"建设内涵式发展的要求。"双一流"建设是国家发展进入新时期的重大战略举措，2017年9月，《关于公布世界一流大学和一流学科建设高校及建设学科名单的通知》指出，我国"双一流"建设高校共137所，包括世界一流大学建设高校42所，世界一流学科建设高校95所；双一流建设学科共计465个。当前"双一流"建设已经落地实施，做出了大量的实践探索，大大提高了大学的办学质量与水平。

但在传统观念影响下的大学学科建设存在一定偏差。长期以来，我国大学更多地用传统思维来规划学科发展，对学科设施、学科经费、学科队伍等方面关注较多，忽视了学科自身的发展规律。另外，受历史原因的影响，我国大学发展存在着苏联的人才培养模式、专业教育模式、学科思维模式和大学管理模式的"车辙"现象，形成了中国特色的文化渊源和文化体系。从文化视角研究大学学科生态，倡导的是中国特色的世界一流大学发展观。

一、本书的研究目的

世界一流大学的主要标志是"拥有若干门一流学科"，而与学科发展相适应的学科生态是大学学科建设的着力点，良好的学科生态关乎一流大学建设的成败。文化是影响和制约学科生态生成和治理最为持久的关键要素，从文化的视野研究一流大学的学科生态，适应了人类思维向内看的发展趋势，这不仅有利于拓展高等教育研究的论题视域，还有利于推进高等教育的研究深度。

本书主要采用文献研究法、案例研究法和比较研究法，立足文化视角，从文化三层次（社会文化、大学文化、学科文化）和文化四维度（物质文化、制度文化、精神文化、行为文化）出发，选取国内外有代表性的 5 所一流大学作为研究对象，主要从学科知识生态、学科组织生态和学科人生态等方面探究一流大学的学科生态发展历程，进行比较分析和问题反思，旨在总结文化视野中一流大学学科生态的生成机理，提出文化视野中我国一流大学学科生态的治理策略。为我国创建世界一流大学和一流学科提倡的"世界一流、中国特色"提供理论依据和实践路径。

二、本书的研究意义

一流学科是一流大学建设的前提和基础，大学是文化组织，学科是文化的存在，从文化视野研究大学学科生态具有重要的理论价值和现实意义。

在理论层面，对此进行研究能够丰富学科发展、学科建设和大学建设的相关理论。"双一流"建设方案出台后，一流大学和一流学科建设的研究急剧增多，有关学科生态研究的相关文献也逐渐增多，学者们试图从生态学的视角去研究学科的发展，从而构建和谐、整体发展的高校学科生态系统。但是当前有关大学和学科发展的研究主要集中在其外部建设，即关注资金、政策、学科评价等个别因素对大学和学科发展的影响，从整体上对学科内涵进行研究的比较少。在研究视角上，现有的文化视野相关研究多关注高等教育宏观领域，对学科生态的研究缺乏文化审视。本书将学科作为一个生态整体，从文化的视角对一流大学学科生态的生成机理和治理策略进行探索，能够丰富"双一流"建设的学科发展、学科建设和大学建设的相关理论研究，拓展一流大学和一流学科的研究广度和深度，推动我国高等教育研究的内涵式发展。在研究对象和内容上，现有研究多关注一流大学的学科建设和生成的理论分析、实践借鉴，学科生态的理论运用和模型构建等，忽略了学科作为一个生态系统的独特文化本质和要求。本书聚焦于文化视野中一流大学学科生态的生成机理和治理策略研究，可以丰富学科生态研究的理论内涵。在研究方法上，现有的研究多以文献研究为主，少量的实证研究大多以某个时点或区域的调研数据对一流大学学科生态状况进行微观实证，缺乏纵向追踪和区域及国别比较的宏观测评。本书对一流大学学科生态的生成与治理采取多层次、多维度比较以及文化变迁中的纵深跟踪研究，可以丰富一流大学学科建设研究的方法体系。

在实践层面，能为我国一流大学学科生态的治理提供思路。本书从文化的视野研究一流大学学科生态的生成机理，通过反思学科生态生成与治理过程中存在的问题，并提出治理策略，为政府从政策层面引导大学开展学科建设提供依据，为一流大学学科生态的生成提供新的治理思路，推动学科生态的和谐、整体发展。通过总结国内外一流大学学科生态生成机理与治理经验，立足我国文化基因，借鉴英美等国一流大学学科生态生成与治理的成功经验，可以增强文化自信，为大学进行有效的学科建设提供思路，提高我国高等教育治理能力和水平。

第二节 研究现状

一、国内研究现状

（一）一流大学的相关研究

自"双一流"政策提出，大学和学科建设成为高等教育领域的热点话题，对其相关研究激增。目前学术界对"世界一流大学"的研究主要集中在一流大学特征和一流大学建设两个方面。

1. 一流大学特征

目前学术界主要从内外两方面进行一流大学特征界定，内部包括学科、学者和学生，外部包括大学发展的资源保障和国际影响力。潘懋元（2003）认为一流大学要具备以下几个方面：独特办学理念、优秀教师和优秀学生。[①] 周光礼（2010）认为一流大学主要包括一流国际声望、一流师资、优势学科、一流人才培养水平、丰富办学资源、较高国际化程度等特质。[②] 眭依凡（2016）认为世界一流大学是学术实力强、对社会发展有突出贡献并有国际盛誉的大学。[③] 刘徐湘（2020）从大学精神视角出发，认为一流大学应该具备形上寄托、真理追求、原理探究、自由教育、个性自由、胸怀天下等精神特质。[④]

2. 一流大学建设

知识经济时代，大学成为国家综合实力不可或缺的重要组成部分，学者们对一流大学建设研究主要从学科、人才、资源、制度、文化等方面进行。张淑林，崔育宝等（2018）指出我国一流大学建设应该大力投入资源、进行

[①] 潘懋元. 一流大学不能跟着"排名榜"转 [J]. 清华大学教育研究，2003（3）：50-51.

[②] 周光礼. 世界一流大学的特质 [J]. 中国高等教育，2010（12）：44-47.

[③] 眭依凡. 世界一流大学建设的六要素 [J]. 探索与争鸣，2016（7）：4-8.

[④] 刘徐湘. 论世界一流大学的精神特质 [J]. 大学教育科学，2020（2）：19-25.

教师考核评价体制改革、转变国际化和社会服务理念。① 夏国萍，管恩浩（2018）指出我国"世界一流大学"建设应该包含四个方面：迎合国家需求，优化调整科研评价体系；加强本科生教育，人才培养水平进一步提高；立足中国特色来构建指标体系；鼓励多方协同合作。② 别敦荣（2019）从顶层设计入手，认为一流大学建设重点在战略管理，从目标、动力、资源和文化等方面提出一流大学发展战略。③

（二）学科的相关研究

随着高等教育改革的不断深入，学科内涵式发展趋势明显，学科建设的重要性日益受到学术界的关注。通过检索相关文献资料，发现学者对学科问题的研究主要体现在学科内涵、学科发展现状、学科建设三个方面。

1. 学科内涵

学者对学科内涵的界定主要集中在把学科定义为学术知识的专门化分支，对其进行正确定义是学科研究的前提。杨天平（2004）认为学科是根据学问性质划分的学问门类，是相对独立的知识体系。④ 董云川、张琪仁（2017）认为学科是一种知识体系，是一种学术制度，是一种集合了人、财、物的学术研究组织。⑤ 龙宝新（2018）认为学科是指学者在实践中形成的一种界限分明、知识分类的学术组织和话语体系。⑥

2. 学科发展现状

目前学者普遍认为我国大学学科建设存在一定问题，主要表现在学科发展顶层设计、学科布局规划、学科外部保障以及学科内部发展等多个方面。庞青山（2006）认为大学学科建设存在外延式发展特征明显、专业设置重复

① 张淑林，崔育宝，李金龙，裴旭. 大学排名视角下的我国"世界一流大学"建设现状、差距与路径［J］. 清华大学教育研究，2018，39（1）：24-34.
② 夏国萍，管恩浩. 建设世界一流大学亟待处理好四重关系——基于三大世界大学排行榜的视角［J］. 高校教育管理，2018，12（4）：27-35.
③ 别敦荣. "双一流"建设与大学战略［J］. 江苏高教，2019（7）：1-7.
④ 杨天平. 学科概念的沿演与指谓［J］. 大学教育科学，2004（1）：13-15.
⑤ 董云川，张琪仁. 动态、多样、共生："一流学科"的生态逻辑与生存法则［J］. 江苏高教，2017（1）：7-10.
⑥ 龙宝新. 论学科的存在与建设［J］. 高等教育研究，2018，39（5）：52-59.

率较高、学科定位不清、人才培养趋同等问题。① 周非南（2018）发现我国高水平大学对应用学科较为重视，忽视基础学科发展，并且大学的学科布局趋同。② 范玉鹏、于小波（2019）重视文化软实力的提升，认为学科发展中存在学科精神遮蔽化、学科门类隔阂化、学科组织科层化、学科评价表层化等文化困境。③

3. 学科建设

一流大学建设的基点在于学科，目前学者们对大学学科建设的讨论主要集中在学科组织、文化、制度和学者等方面。黄超、王雅林、姜华（2011）提出学科建设要从战略规划、资源获取、学术网络构建等方面入手。④ 宣勇（2016）指出学科发展要有完善的组织理念、协调的组织结构、完善的组织制度、优秀的学者团队、充足的资源保障和独特的组织文化。⑤ 宋亚峰、王世斌、郗海霞（2018）提出学科建设要有优势特色学科，要有交叉学科发展空间，要有新的整合学科，要有新兴特色学科。⑥

（三）文化与大学和学科关系的相关研究

目前从文化视角出发进行大学和学科发展的研究相对较少，而且大多聚焦于大学文化或学科文化的视角。通过文献梳理发现相关研究主要集中在文化与大学之间的关系、文化与学科之间的关系、大学文化与学科文化作用三方面。

1. 文化与大学之间的关系

眭依凡（2004）认为大学是一种社会组织，有传承和创造文化的功能，

---

① 庞青山. 大学学科论［M］. 广州：广东教育出版社，2006：111-112.
② 周非男. 基于生成逻辑的"双一流"高校学科建设方案研究［D］. 昆明：云南大学，2018：53-54.
③ 范玉鹏，余小波. 一流学科建设的文化困境及其突破［J］. 研究生教育研究，2019（1）：69-74+86.
④ 黄超，王雅林，姜华. 大学学科成长能力系统构建及其路径［J］. 高等教育研究，2011，32（1）：25-31.
⑤ 宣勇. 大学学科建设应该建什么［J］. 探索与争鸣，2016（7）：20-31.
⑥ 宋亚峰，王世斌，郗海霞. 我国一流大学建设高校的学科布局与生成机理［J］. 江苏高教，2018（9）：9-15.

文化追求是大学的本质要求。① 胡仕坤（2016）指出文化和高等教育二者之间是相互关联、相辅相成的关系，文化影响教育发展的方向和速度，也影响人们对高等教育的认识。另外高等教育是文化产物，是文化发展推动者。② 蔡红生、杨琴（2017）指出大学之魂是文化，提高文化竞争力是大学得以可持续发展的关键。③

2. 文化与学科之间的关系

陆根书、胡文静（2017）指出文化是学科能够持续发展的源动力，因此学科建设着重点在学科文化积累，营造良好的文化氛围，助力学科文化底蕴的形成与发展。④ 吴叶林、崔延强（2017）指出文化在学科建设中的重要性，认为文化是学科建设的内在价值导向，并指出学科建设要构建兼容并包的学科文化生态；发展务实开放的学科文化；建立新型学科组织形式与评价体系；加速学科国际化发展步伐。⑤ 范玉鹏、于小波（2019）认为一流学科建设的关键在于一流的学科文化的形成，二者之间是相辅相成、相互成就的关系。⑥

3. 大学文化与学科文化作用

王冀生（2005）认为大学文化是大学在不断实践中形成的独具特色的文化形态，对师生有着强烈的影响力、凝聚力、创造力和教育力。⑦ 韩文瑜、梅士伟（2011）指出学科文化包含价值观、思维方式、学术规范、话语体系等多方面，具有显著的育人功能、生产功能、分界功能和凝聚功能。⑧ 高山（2012）指出由于学科文化背景不同，文化冲突是长期存在的，但这一冲突不

---

① 眭依凡. 关于大学文化建设的理性思考 [J]. 清华大学教育研究, 2004（1）: 11-17.
② 胡仕坤. 从文化角度审视高等教育的历史使命 [J]. 中国成人教育, 2016（8）: 34-36.
③ 蔡红生, 杨琴. 大学文化: "双一流" 建设的灵魂 [J]. 思想教育研究, 2017（1）: 80-84.
④ 陆根书, 胡文静. 一流学科建设应重视培育学科文化 [J]. 江苏高教, 2017（3）: 5-9.
⑤ 吴叶林, 崔延强. 基于学科文化创新的一流学科建设路径探论 [J]. 清华大学教育研究, 2017, 38（5）: 89-97.
⑥ 范玉鹏, 余小波. 一流学科建设的文化困境及其突破 [J]. 研究生教育研究, 2019（1）: 69-74+86.
⑦ 王冀生. 大学文化的科学内涵 [J]. 高等教育研究, 2005（10）: 9-14.
⑧ 韩文瑜, 梅士伟. 把握学科规律 培育学科文化 促进学科发展 [J]. 中国高等教育, 2011（7）: 22-24.

是消极的，我们要通过学科文化的优化调整实现学科物质、制度、精神和行为等层面跨越式发展，产生新的、积极的学科文化。① 李永清、朱锡等（2015）根据文化特征及学科文化构成，探讨学科文化对学科发展的指导作用，认为人才建设、学术生态发展、管理制度构建、学术精神形成等是学科文化发展的关键。②

（四）学科生态的相关研究

关于学科生态的研究主要集中在生态原理的应用、生态学视角下的学科、学科生态系统的定义、学科生态发展现状、学科生态的构建等方面。

1. 生态原理的应用

生态原理在人文社会科学中的应用越来越广泛，用生态原理洞悉学科建设问题，可以为学科发展提供新的视角和方法。李枭鹰（2005）认为学科在发展中也要遵循生态学的平衡、多样、交叉等原理。③ 杨蕾、黄旭华等（2018）将生态学中的"环境—群落"理论应用于高等教育系统，认为目前高等教育发展应该营造宽松的学科生态环境，加快构建多样性学科群落。④ 章宁、俞青（2016）借鉴组织生态学理论的相关知识，认为跨学科学术组织汇聚了不同学科，是一个具有多元化的生态环境，指出跨学科学术组织具有重要价值。⑤

2. 生态学视角下的学科

随着学科综合化发展趋势日渐明显，越来越多的学者将生态学的理论观点类比和借鉴到学科发展上来。李枭鹰（2006）认为大学是由多学科集合在一起而组成的生态系统，且各学科之间是不相同的，具有较为明显的异质化、多样化的特征，因此在制订学科发展规划时要综合考虑不同学科，通过各学科之间

---

① 高山. 大学学科文化冲突融合与创新研究［J］. 现代大学教育，2012（5）：72-76.
② 李永清，朱锡，侯海量，陈林根. 学科文化内涵与学科文化建设［J］. 大学教育，2015（8）：19-21.
③ 李枭鹰. 生态学视野中的大学学科发展观［J］. 学位与研究生教育，2005（7）：33-36.
④ 杨蕾，黄旭华，郭志芳. "双一流"背景下高等教育系统的生态定位与发展［J］. 高教探索，2018（5）：16-21.
⑤ 章宁，俞青. 冲突与和谐：大学跨学科学术组织的生态学治理［J］. 江苏高教，2016（6）：31-34.

的不断协调来逐步实现学科生态良性发展。① 郭树东、赵新刚等（2008）提出在学科发展中存在窄生态位、宽生态位和生态位扩充与协同这三种不同的学科生态模式。② 闫俊凤（2014）将生态学原理运用到行业特色性高校学科发展过程中，认为其在学科生态构建中应该立足自身的特色优势，然后时刻紧跟社会实际发展需求，不断调整学科结构，努力进行学科群建设与发展，并为学科发展提供环境支撑。③

3. 学科生态系统的定义

学科生态系统是基于生态学观点提出来的，不少学者对其概念进行了解释。王梅（2006）认为学科生态系统是汇聚不同学科，且各学科之间相互作用而形成的实践系统，具备适应性、协同性和生长性等特征。④ 郭树东（2009）认为学科生态系统是学科与学科之间、学科与环境之间不断进行联系与发生作用，从而形成的一种生态系统，这一系统具有整体性特征，且在这一系统中，学科与环境之间不断进行交叉互动，学科与学科之间也要保持良性竞争。⑤ 葛少卫（2015）认为学科生态系统指在学科内部、学科之间、学科与环境之间，通过资源的交叉互动而形成的整体。⑥

4. 学科生态发展现状

学科在其生态系统中存在竞争与合作的关系，根据文献梳理，发现学科生态构建在学科定位、学科布局、学科组织方面存在一些问题。闫俊凤（2014）指出学科发展存在内部和外部环境之间的失衡问题：在内部环境上，存在大学新老学科发展不协调、学科交叉融合程度不够以及学校管理体制不适宜等问题；在外部环境上，存在校企之间相疏离、高校之间同质化等问

---

① 李泉鹰. 多样化与异质化——生态视域中的学科规划思维 [J]. 学位与研究生教育，2006（7）：17-20.

② 郭树东，赵新刚，关忠良，肖永青. 我国研究型大学的学科发展战略定位模式与生态位对策 [J]. 北京交通大学学报（社会科学版），2008（4）：95-99.

③ 闫俊凤. 生态学视域下行业特色高校学科建设 [J]. 高教探索，2014（2）：96-99.

④ 王梅. 基于生态原理的学科协同进化研究 [D]. 天津：天津大学，2006：27-31.

⑤ 郭树东. 基于生态学视角的我国研究型大学学科建设对策 [J]. 河南师范大学学报（哲学社会科学版），2009，36（4）：233-235.

⑥ 葛少卫. 高校学科生态系统分析与管理 [J]. 价值工程，2015，34（1）：323-325.

题。① 武建鑫（2017）指出在学科发展中存在学科组织数量多、学科间联系缺乏和学科生态结构仍未形成等问题。② 宋亚峰、王世斌、潘海生（2019）指出在我国一流大学建设高校中，学科专业设置较为全面，一级学科在覆盖面较广的同时也存在不均衡发展现象，有较为显著的优势学科和弱势学科的区别。③

5. 学科生态的构建

学科生态的构建与布局需要明确每一学科在学科生态中的定位，形成良好的学科生态环境。翟亚军、王战军（2006）认为学科发展应该立足生态学相关理论，在学科生态发展中满足异质性与多样性、遗传性与变异性、适应性与发展性的生态观要求，促进大学学科生态良好发展。④ 张德祥（2016）提出学科生态发展应该从学科文化环境建设、学科结构调整优化、学科制度环境构建等三方面进行。⑤ 武建鑫（2017）从外部开放度和内部关联度入手，提出要优化调整学科组织内部结构，推动学科组织从自我发展向合作创新过渡，然后从整体发展角度推动学科生态发展。⑥

二、国外研究现状

（一）一流大学的相关研究

国外有关一流大学的相关研究相对较少，因此在总结一流大学相关研究的基础上，也对有关大学的相关研究进行了梳理，主要包括一流大学特征、大学发展面临的挑战以及大学发展路径等三个方面。

---

① 闫俊凤. 生态学视域下行业特色高校学科建设 [J]. 高教探索, 2014 (2)：96-99.
② 武建鑫. 学科生态系统：核心主张、演化路径与制度保障——兼论世界一流学科的生成机理 [J]. 高校教育管理, 2017, 11 (5)：22-29.
③ 宋亚峰, 王世斌, 潘海生. 一流大学建设高校的学科生态与治理逻辑 [J]. 高等教育研究, 2019, 40 (12)：26-34.
④ 翟亚军, 王战军. 基于生态学观点的大学学科建设应然研究 [J]. 科学学与科学技术管理, 2006 (12)：111-115.
⑤ 张德祥. 高校一流学科建设的关系审视 [J]. 教育研究, 2016, 37 (8)：33-39+46.
⑥ 武建鑫. 超越概念隐喻的学科生态系统研究——兼论世界一流学科的生成机理 [J]. 学位与研究生教育, 2017 (9)：8-13.

1. 一流大学特征

英国学者约翰·亨利·纽曼（John Henry Newman，2001）认为大学教育要为学生提供良好的环境，使其能够在学术的殿堂中既能埋头于自身学科，也能尊重其他学科，进行学术交流与切磋，养成具备智慧、公正、理智和自由等特征的受用终身的思维习惯，这是大学教育的特殊成果。① 摩洛哥经济学家贾米尔·萨尔米（Jamil Salmi，2009）认为世界一流大学具备三个重要特征，分别是人才、资源和规范化管理。② 美国学者亨利·罗索斯基（Henry Rosovsky，2014）认为美国顶尖研究型大学具有共同治理、学术自由、择优录取、人际交往、文化保护和非营利地位等特征。③ 罗马尼亚学者加布瑞拉和贝吉纳尔（Bejinaru Ruxandra，Prelipcean Gabriela，2017）认为高等教育和研究、创新以及竞争之间的关系越来越密切，是为社会提供高技能人力资本的主要参与者。④

2. 大学发展面临的挑战

美国学者克拉克·克尔（Clark Kerr，2001）提出在高等教育发展中只关注传统大学的做法是错误的，尤其在21世纪难以满足社会发展需求，认为必须将注意力关注到整个高等教育系统。⑤ 美国学者阿尔特巴赫、雷斯伯格和瑞姆柏林（Altbach PG，Reisberg L，Rumbley LE，2010）遵循了全球学术革命的轨迹，强调高等教育机构在全球范围内的中心地位，但在高等教育发展中面临着人力资本和资金分配不均等问题，需要有效应对这一挑战。⑥ 美国学者

---

① 约翰·亨利·纽曼. 大学的理想节本 ［M］. 徐辉，译. 杭州：浙江教育出版社，2001：22.

② 萨尔米. 世界一流大学：挑战与途径 ［M］. 孙薇，王琪，译. 上海：上海交通大学出版社，2009：16.

③ Rosovsky H. *Research Universities：American Exceptionalism？* ［J］. International higher education，2014，76（5519）：4-6.

④ Ruxandra Bejinaru，Gabriela Prelipcean. *Successful strategies to be learnt from world-class universities* ［J］. Proceedings of the International Conference on Business Excellence，2017，11（1）：350-358.

⑤ ［美］克拉克·克尔. 高等教育不能回避历史——21世纪的问题 ［M］. 王承绪，译. 杭州：浙江教育出版社，2001：145.

⑥ Altbach PG，Reisberg L，Rumbley LE. *Tracking a Global Academic Revolution* ［J］. Change：The Magazine of Higher Learning，2010，42（2）：30-39.

沃尔什·帕梅拉（Walsh Pamela，2019）通过访谈法，对卡塔尔国际高等教育分支校区模型进行定性研究，发现其在发展中面临的主要挑战有社会文化问题、国际分支校园领导者与其所属机构之间的紧张关系以及分支校园与卡塔尔基金会之间的期望冲突等问题。① 法国学者尼古拉斯·皮珀（Nicolas Pey-poch，2018）通过研究美国的教育传播效率和研究生产率，发现知识扩散在美国领土上似乎是同质的，而研究生产力却不相同：由于某些农村大学的本地化，美国研究效率下降了 7%；公立大学表现出更高的教育效率，偏向于教育质量而不是研究生产率；私立大学的研究效率较高。②

3. 大学发展路径

美国学者克拉克·克尔（Clark Kerr，1989）认为美国高等教育体系的成功得益于其高校董事会制度以及董事会领导下的校长负责制，另外还得益于学术自由、机会均等、多元化办学、大量资源投入等因素。③ 英国学者丽塔·约翰森（Rita Johnston，1998）从各个学术领域竞争的角度对现代大学的发展进行分析，发现大学的工作围绕着发现、教学、应用和整合等四个学术领域进行。④ 美国学者罗伯特·伯恩鲍姆（Robert Birnbaum，2003）将大学看成由各子单位相互协作组成的组织体系，当组织体系内在控制和协作系统不能发挥作用时，科层结构的干预将不可避免。⑤ 摩洛哥学者贾米尔·萨尔米（Jamil Salmi，2015）认为在建立世界一流大学时必须确保大学建设与国家高

---

① Walsh P. *Establishment of an American Branch-Campus Model of Higher Education：Qatar's Early Goals，Rationales，and Challenges* [J]. Athens Journal of Education，2019，64（4）：271-289.

② Jean-Pascal Guironnet，Nicolas Peypoch. *The geographical efficiency of education and research：The ranking of U. S. universities* [J]. Socio-Economic Planning Sciences，2018（62）：44-45.

③ Clark Kerr，Marian L Gade. *The Guardians：Board of Trustees of American Colleges and Universities：What They Do and How Well They Do It* [M]. Washington，DC：The Association of Governing Boards of Universities and Colleges，1989：8-9.

④ Rita Johnston. *The University of the future：Boyer revisited* [J]. Higher Education，1998，（36）：253-272.

⑤ 罗伯特·伯恩鲍姆. 大学运行模式——大学组织与领导的控制系统 [M]. 别敦荣，译. 北京：中国海洋大学出版社，2003：185.

等教育战略完全契合，并避免大学内部资源分配模式的扭曲。① 瑞典学者萨马利斯托、桑德斯特伦和霍尔姆（Kaisu Sammalisto, Agneta Sundström, Tove Holm，2015）通过案例研究，建议将可持续发展整合为大学的核心竞争力，并开发了模型说明可持续能力的发展及其制度化，认为不同大学级别的高层管理人员的灵感对于大学可持续发展概念的整合至关重要。② 印度学者德维威迪和乔西（Dwivedi VJ，Joshi YC，2020）系统地回顾了有关现有高等教育机构成为世界一流教育体系的关键问题，认为组织的完善和领导的治理能力对高等教育质量提高非常重要。③

（二）学科的相关研究

在对国外关于学科相关研究的梳理中，发现国外研究较少涉及"一流大学学科""学科建设"等方面，其中"学科建设"一词是我国学术界较多使用的词语，因此梳理了国外有关学科相关问题的研究，主要集中在大学学科发展、特定学科发展两个领域。

1. 大学学科发展

澳大利亚学者诺伊曼（Neumann Ruth，2001）认为学科文化与学科知识之间有着紧密的联系，在学科分类的既定框架下，分析不同学科的教学过程和教学成果的差异，以寻求对系统学科差异的解释。同时根据研究结果为机构和政府政策提供建议，以使高等教育的治理更加公平和有效。④ 德国学者卡尔·雅斯贝尔斯（Karl Theodor Jaspers，2007）认为学科是整合在一起的整体，如果学科各自发展忽视整体的联系，学科整体就会分散瓦解，变成由不

---

① Salmi J. *Nine Common Errors in Building a New World-Class University* ［J］. International higher education，2015，59（77）：5-7.

② Sammalisto K，Sundström A，Holm T. *Implementation of sustainability in universities as perceived by faculty and staff-a model from a Swedish university* ［J］. Journal of Cleaner Production. 2015，106（33）：45-54.

③ Dwivedi VJ，Joshi YC. *Leadership Pivotal to Productivity Enhancement for 21st-Century Indian Higher Education System* ［J］. International Journal of Higher Education. 2020，9（2）：126-143.

④ Neumann R. *Disciplinary Differences and University Teaching* ［J］. Studies in Higher Education，2001，26（2）：135-146.

同学科简单拼凑出来的大杂烩。① 英国学者拉扎克、汤森和皮萨皮亚（Razzaq Jamila, Townsend Tony, Pisapia John, 2013）通过案例研究分析英国一所主要大学学者对跨学科研究的看法，调查发现，尽管对跨学科研究方法进行了阐述，但实际上，在那些不太了解跨学科方法的部门中仍然缺乏明确性。因此需要进一步确定术语和使命的清晰性以及实施的灵活性，以及增加对教职员工的激励。② 意大利学者阿布拉莫·乔凡尼（Abramo Giovanni, 2014）认为在单一大学中，优秀学科将与中等学科并存，为了验证这一点，对意大利所有大学在 2004—2008 年期间在硬科学领域的研究生产率进行了测量。结果表明，优秀学科并不集中在少数几所大学，顶级大学的学科和领域通常是中等水平的，而普通中等水平的大学通常会包括一流学科。③ 美国学者科卡、埃尔科利（Koka S, Ercoli C, 2019）认为学科领导人的领导力水平对学科发展至关重要，在一门学科中领导人需要有特殊的能力，要对自己的学科具有远见的构想。④

2. 特定学科发展

挪威学者斯梅比·詹斯·克里斯蒂安（Smeby Jens-Christian, 2000）认为人文和社会科学领域的学生比自然科学领域的学生需要花费更多的时间来获得学位，发现知识结构和研究组织的领域差异对学生培养产生影响。⑤ 美国学者艾米丽·马歇尔（Emily A Marshall, 2013）运用文本分析法对法国和英国人口统计学学科研究进程的发展进行跨国比较，认为人口研究进程的差异反映了两国文化和制度上的差异，英国人口统计学的重点是高生育率的环境，

① 卡尔·雅斯贝尔斯. 大学之理念［M］. 邱立波, 译. 上海：上海人民出版社, 2007：104.

② Razzaq J, Townsend T, Pisapia J. *Towards an Understanding of Interdisciplinarity：The Case of a British University*［J］. Issues in Interdisciplinary Studies, 2013, (31)：149–173.

③ Abramo G, D'Angelo C A, Costa F D, et al. *Variability of research performance across disciplines within universities in non-competitive higher education systems*［J］. Scientometrics, 2014, 98 (2)：777–795.

④ Koka S, Baba K, Ercoli C, et al. *Leadership in an academic discipline*［J］. Journal of Dentistry, 2019, 77 (52)：40–44.

⑤ Smeby J-C. *Disciplinary Differences in Norwegian Graduate Education*［J］. Studies in Higher Education, 2000, 25 (1)：54.

而法国人口统计学的重点是低生育率的环境。① 英国学者奈杰尔·克罗斯
（Nigel Cross，2019）讨论了设计作为一门学科的建立与发展历程以及学科内
部一致性和其他学科的相互作用，认为要建立设计学科，需要一个具有核心
试金石理论的研究程序，其依据是存在设计性的认知方式，围绕它可以建立
相关理论、思想和知识的网络。②

（三）文化与大学和学科关系的相关研究

从文化视角探析大学和学科发展的研究主要集中在文化与大学的关系、
文化与学科的关系两个方面。

1. 文化与大学的关系

非洲学者阿拉萨内（Alassane N'daw，1970）指出非洲教育体系忽视了本
土文化的作用，更多地旨在移植欧洲模式或美国模式，并提出大学的任务是
从非洲的经历中重新发现或创造一种新的文化，在那里人们可以阐述非洲特
有的表达方式，实现其传统价值，并从非洲的过去中汲取灵感，而不是人为
地接受一种强加的外国文化。③ 印度学者斯里瓦斯塔瓦·萨维塔（Srivastava
Savita，2015）指出教育的特征之一是将社会的文化价值观和行为模式传递给
年轻的和潜在的成员，实现基本的社会整合并保留传统的生活方式，这被称
为教育的保守功能。④ 伊朗学者萨尔马迪、诺罗扎德（Sarmadi M，Noroozzade
R，2017）通过文献分析研究方法研究大学的文化规划框架，研究结果表明：
大学的文化规划是一个系统的过程，而且大学文化规划不同模式之间存在重
叠，因此在发展中面临着规划背景、发展愿景、使命和目标、内部和外部评
估组织、制定战略和评估等步骤。⑤

---

① Marshall E A. *Defining population problems：Using topic models for cross-national comparison of disciplinary development* [J]. Poetics，2013，41（6）：701-724.

② Cross N. Editorial：Design as a discipline [J]. Design Studies，2019，65（11）：1-5.

③ N'Daw A. *The Role of the University in the Cultural Development of Africa* [J]. January，1970，12（45）：99-108.

④ Srivastava S. *A Study of Awareness of Cultural Heritage among the Teachers at University Level* [J]. Universal Journal of Educational Research，2015，3（5）：336-344.

⑤ Ranjporazarian M，Sarmadi M，Noroozzade R，Farajolahi M. *The cultural planning framework in universities* [J]. International Journal of Pharmaceutical Research & Allied Sciences，2017，6（2）：301-307.

2. 文化与学科的关系

美国学者莫尔丁（Mauldin K，2016）通过观察法，分析两组对象在参加不同烹饪课程前后文化能力的变化，发现接触多元文化烹饪课程可以改善大学生文化能力的某些组成部分。① 尼日利亚学者奥古斯丁·奇尼尔和萨迪乌斯·奇迪（Nzeadibe Augustina Chinyere，Nzeadibe Thaddeus Chidi，2018）以文化可持续性为首要考虑因素，将尼日利亚本科地理课程范围和内容的变化置于可持续性教育领域内，为尼日利亚的城市可持续发展和地理教育提供了新的可能性。②

（四）学科生态的相关研究

国外对学科生态的研究相对较少，通过梳理发现其相关研究主要集中在教育生态学和特定学科生态学方面。

美国教育学家阿什比（Ashby E，1966）将生态学原理应用到高等教育发展中，认为高等教育系统和自然生态系统的运作方式相似，提出高等教育生态概念。③ 美国学者克雷明（Lawrence A Cremin，1976）主要借助生态学的相关理论探究不同环境与教育之间的关系，在《公共教育》一书中提出了教育生态学概念。④ 俄罗斯学者列维娜和普罗科菲耶夫（Levina Elena，Prokofieva Elena，2021）等将教育生态系统的方法论视为教育活动的新规范，揭示了教育生态学的概念，并从实现教育质量的角度分析了实施生态系统方法的原则。⑤ 芬兰学者图奈宁（Tuunainen J，2005）从社会世界观的角度出发考察大

---

① Tsuji N, Dyck A, Mauldin K, et al. *Effect of Multicultural Cooking Classes on Cultural Competency of University Students* [J]. Journal of the Academy of Nutrition and Dietetics, 2016, 116（9）：272.

② Nzeadibe A C, Uchem R, Nzeadibe T C, et al. *Beyond "traditional geographies"：Integrating urban political ecology and cultural sustainability into undergraduate geographical education in Nigeria* [J]. The Journal of Environmental Education, 2018, 49（3）：228-241.

③ Eric Ashby. *Universities：British，Indian，African；A Study in the Ecology of Higher Education* [M]. London：The Welden feld and Nicolson Press, 1966：35.

④ Lawrence A Cremin. *American Education：The Colonial Experience 1607—1783* [M]. New York：Harper and Row, 1970：42.

⑤ Levina Elena, Prokofieva Elena. *Educational ecosystem development based on quality management standards* [J]. SHS Web of Conferences, 2021, 10（1051）：99.

学学科之间的关系，研究数据显示农学系学科的复杂组织生态涉及四个冲突源，并提出冲突可能是有价值的分析工具，以揭示正式的组织结构如何阻碍工作水平上的社会秩序，从而挑战但没有反驳以前的符号互动主义研究。① 美国学者里克尔斯和詹金斯（Ricklefs R E，Jenkins D G，2011）将生态学和生物地理学结合起来，用综合的方法研究生态系统及其在地球表面的变化。② 美国学者麦格拉斯（McGrath，2018）通过探索建筑学与生态学之间的联系，将两个学科的概念框架整合到创建城市生态系统健康中，有助于对整体建筑环境更深刻地理解。③

三、国内外研究的不足及本书的聚焦点

（一）国内外研究的不足

1. 文化视野中的高等教育宏观领域研究成果较为丰富，但对微观具体领域的关注不够

（1）运用文化学的观点研究高等教育问题。国外大量的文化研究著作中专论高等教育领域文化现象的论文很少，影响也极小。有关研究文献可以分成三类：以院校为基础的研究、对学者及其作用的描述以及对各学科领域的研究（Burton R. Clark，王承绪等，2001）。文化是"将共同的思维方式和集体的行为方式联系起来"，以文化的观点看待高等教育，在以知识为基础的高等教育系统内，存在各类亚文化，包括学科亚文化、大学或学院亚文化、专业亚文化、学生文化，甚至是整个高等教育系统的文化（Tony Becher，1981）。高等教育与文化的关系可以概括为两种关系、两重作用、两大功能：既是外部关系，又是内部关系；既起直接作用，又起中介作用；既传承又创新（张应强，1999；潘懋元，2001）。有的学者还以高等教育制度古今变迁之

---

① Tuunainen J. *When Disciplinary Worlds Collide*：*The Organizational Ecology of Disciplines in a University Department* [J]. Symbolic Interaction，2005，28（2）：205-228.

② Ricklefs R E，Jenkins D G. *Biogeography and ecology*：*towards the integration of two disciplines* [J]. Philosophical Transactions of the Royal Society B，2011，366（1576）：2438-2448.

③ McGrath. *Intersecting disciplinary frameworks*：*the architecture and ecology of the city* [J]. Ecosystem Health and Sustainability，2018，4（6）：10.

际的标志性事件为依据对中国高等教育制度变迁进行了文化透视（雷晓云，2002）。

（2）文化与大学发展之间的关系。多数学者认为大学是文化组织，大学组织文化有其自身的本质、特征和发展规律，应把大学发展置于大学文化的视野中加以审视，寻求大学发展的文化逻辑（阎光才，2002；李福杰，2006）。高桂娟以文化的逻辑考量了大学基本制度的演变与发展的内在规律（高桂娟，2003）。王冀生尝试提出并建立大学文化学。即从时代的高度和文化的视角，以大学与人类文化之间的深刻联系为核心，着重揭示现代大学的本质、办学基本规律及其发展趋势（王冀生，2002）。加拿大的许美德教授则试图通过文化的角度获得对中国大学百年历史的一种阐释性认识，分析了中西文化以及高等教育的差异（许美德，2000）。少数学者开始关注文化视野中的大学特色发展、师生关系以及学科和课程设置（冯大同，2015；傅定涛，2005；孙晓明，2011；徐菁菁，2014）。

2. 大学一流学科生成研究成果较为丰富，但缺乏对学科生态的关照

"学科建设"是中国语境的词汇，国外学者专门针对学科研究的文献相对较少，多为作为课程的学科应该如何建设或是如何通过组织的合理设置来解决跨学科问题。目前，国内外学者主要从学科内涵界定、学科建设、学科组织制度、学科发展历程等角度研究探讨了大学一流学科生成的问题。

（1）学科内涵的界定。伯顿·克拉克认为学科明显是一种连接化学家与化学家、心理学家与心理学家、历史学家与历史学家的专门化组织方式（伯顿·克拉克，1994）。托尼·比彻把学科视为一个个相对独立的"学术部落"（Tony Becher，1989）。国内学者对学科概念的认识可分为教学科目说（夏征农，1988）、创新活动说（刘仲林，1998）、知识门类说（万力维，2005）、科学分支说（孔寒冰，2001）和双重形态说（宣勇，2002）。宣勇认为可以从"作为知识分类体系"和"作为知识劳动组织"两层语义上来甄别学科。

（2）学科建设角度。学科建设是一个复杂的系统工程，涉及学校内外部多方面的关系。需要处理好院系谋划与学校顶层设计的关系，学科高峰、学科高原和学科生态的关系等（张德祥，2017）。重构大学学科，宏观上应当顺应科学和大学发展趋势，中观和微观上必须遵循学科生长和发展规律，学科

的生长和发展犹如生物体的新陈代谢，学科之间存在着学科的生物链和生物圈现象（潘云鹤，顾建民，1999）。世界一流大学的发展经验表明，一流学科包含了大项目、大平台、大师、大成果、大奖（徐小洲，梅伟惠，2007）。推动学科发展最重要的三种力量是科学发展的内在逻辑、科学组织、社会需求和政府干预，三种力量共同作用，形成了学科发展的动态平衡机制（冯向东，2002）。

（3）学科组织角度。我国大学学科建设应通过学科组织创新，形成学科组织创新驱动模式——学科制的大学基层学术组织制度（张金福，宣勇，王才领，2008）。大学学科组织的生成是内在基因与外部环境合力的结果，内部依据主要体现为知识形态学科的科学范式的形成；外部条件包括社会需求、政府支持、学校规划、良好的学科生态等方面；自然演变、自觉繁衍、外部催生、主动播种是大学学科组织生成的基本方式（宣勇，张凤娟，黄一岚，2008）。

（4）学科发展历程的角度。马陆亭认为一流学科建设具有现实逻辑和理性逻辑，科学技术、社会需求和主观认识影响着学科发展（马陆亭，2016）。有学者认为学科制度是中西方学科发展差异的主要原因，学科制度实质上是以知识行动者为核心的知识生产和知识创新的制度体系（方文，2005）。有学者从美国大学物理学科发展的五个方面，论述了美国大学的物理学科从一个地方性的、处于世界科学边缘的学科，逐渐发展成世界一流学科的历史轨迹（周志发，孔令帅，2009）。还有的从知识网络视角分析了创新型大学一流学科的生成机理，进而提出了创新型大学一流学科生成的治理策略（李春林，2013）。

3. 教育生态研究发展较快，但对高等教育的生态研究尚未形成体系

关于教育生态的研究在国外起源于 20 世纪 40 年代，真正进行研究并提出"教育生态学"概念是在 60 年代以后。哥伦比亚大学师范学院院长劳伦斯·A·克雷明于 1976 年正式提出了"教育生态学"这一术语。并认为考察教育问题时运用生态学的平衡观、联系观和动态观是非常合适的（贺祖斌，2005）。学者们研究了教育的资源分布、教育与环境的关系（Eggleston J，1977；Fein L J，1971；Tanner R T，1974；Sullivan E A，1975）。华盛顿大学

的 Goodlad J I 则侧重于微观的学校生态学研究，首次提出学校是一个文化生态系统的概念（Goodlad J I，1987）。

我国最早的教育生态学研究开始于 20 世纪 60 年代台湾地区学者方炳林。吴鼎福、诸文蔚于 1990 年出版的《教育生态学》是中国大陆第一本教育生态学专著，作者直接借用了大量生态学理论、概念、术语等，着重讨论教育生态学的基本原理和概念。范国睿从宏观（文化、人口、资源）和微观（学校、课堂）两个层面研究教育生态，并探讨了教育生态系统的可持续发展（范国睿，2000）。吴林富将教育生态理论运用到教育管理的具体层面（吴林富，2006）。在高等教育生态研究方面，英国学者埃里克·阿什比首次提出"高等教育生态学"的概念，得出"任何类型的大学都是遗传与环境的产物"著名论断，开启了生态学的原理和方法研究高等教育之先河（Ashby E，1966）。贺祖斌采用生态学原理和方法，基于生态学的价值取向，对中国高等教育系统进行了生态学分析，提出选择生态可持续发展作为高等教育发展之路（贺祖斌，2005）。

4. 基于生态学理论的学科发展研究逐步增多，但缺乏对学科生态的文化审视

很多学者认为学科发展与自然生态系统中生态单元的进化、发展存在诸多相通之处，具有一般生态系统的基本特征。生态位的基本原理同样适用于学科建设，并尝试建构学科生态系统的理论体系和生态位的数学模型体系（秦明，赵伯飞，龙建成，2007；郭树东，2009；葛少卫，2009；熊磊，2011；陈映江，2011）。学科生态系统是世界一流学科的生长基质，不仅包括由学科组织、组织种群、学科群落等要素构成的组织生态子系统，还包括由知识共享、获取、内化、创新等活动构成的知识生态子系统，两大子系统的协同耦合为世界一流学科的生长营造了良好的学术环境（武建鑫，2017）。学科存在形态与丛林系统有着高度的相似性，动态、多样、共生是"一流学科"的生态逻辑与生存法则（董云川，张琪仁，2017）。一个可喜的现象是，学者们开始关注文化对一流学科建设的作用，认为一流学科建设应重视培育学科文化（陆根书，胡文静，2017）。学科文化是学科发展路径选择的内在价值机制，一流学科建设需要一流的文化引领，通过对学科发展文化逻辑的把握，

可以深层审视和推进学科建设，构建学科进步的长效机制（吴叶林，崔延强，2017）。

（二）本书研究的聚焦点

上述研究为本书研究提供了很好的视角、思路和方法，相关研究结论将成为本书研究的重要理论依据。本书在此基础上主要从以下几个方面进行聚焦研究：

1. 关注文化视野中的高等教育微观具体领域，研究对象聚焦于一流大学学科生态。

2. 进一步丰富一流大学学科生成研究成果，着重研究一流大学学科生态的生成机理和治理策略。

3. 运用教育生态学的理论，结合案例研究和比较研究丰富学科生态的研究体系。

4. 从文化的不同层面和维度对学科生态进行研究和审视，力图全面解读文化视野中的学科生态。

第三节　研究思路与方法

一、研究的基本思路

本书研究立足于现实问题，遵循从理论到实践再到理论的逻辑思路，践行提出问题—分析问题—解决问题的研究思路。

1. 提出问题：在国内外已有相关研究的基础上，界定文化、一流大学、学科生态等核心概念，并基于教育学、文化学以及生态学等理论构建研究的分析框架，厘清研究视角的具体层次和维度。

2. 分析问题：在分析文化对学科生态生成与治理影响机制的基础上，运用文献研究法和比较研究法，探究文化传统和文化变迁中的国内外一流大学学科生态生成与治理发展历程，归纳总结学科生态生成机理的个性与共性。

3. 解决问题：在了解历史和现状的基础上，借鉴国内外已有的经验，为中国创建世界一流大学的学科生态生成与治理提供理论支撑和实践路径。

二、具体研究方法

1. 文献研究法。在搜集和阅读国内外相关研究文献、我国42所世界一流大学建设相关政策文本以及国内外大学官方网站相关资料的基础上，经过鉴别、整理、归纳、阐述与评价，全面而深入地掌握一流大学学科生态相关研究现状与趋势，为研究问题的提出打下理论基础。

2. 案例研究法。中国大学按照学科可分为综合类、理工类、师范类、农林类、政法类、医药类、财经类、民族类、语言类、艺术类、体育类等类型的院校。其中我国42所一流大学建设高校主要分布在综合类、理工类、师范类、民族类、农林类等5种类型中。本研究根据大学类别将我国一流大学大致分为综合类、理工类和特色类（含师范、农林、民族、国防）三种类型，并在三种类型中各选取北京大学、清华大学和华东师范大学作为研究对象。这3所大学代表了我国不同类型、不同层次一流大学的发展情况，可以在一定程度上反映出我国一流大学的整体发展样态，研究结果具有一定的代表性。国外一流大学主要选择了英国的剑桥大学和美国的哈佛大学作为案例研究的对象，国内外5所一流大学在2020年世界著名的四大排行榜中排名情况详见表1-1。

表1-1　2020年5所国内外一流大学世界排行排名情况

	美国 US. news	英国 Times	英国 QS	上海软科
北京大学	51	23	23	49
清华大学	28	20	15	29
华东师范大学	414	351~400	501~510	401~500
剑桥大学	9	6	7	3
哈佛大学	1	3	3	1

3. 比较研究法。本研究从学科知识生态、学科组织生态和学科人生态等维度出发，对5所国内外一流大学学科生态发展历史进行分析梳理，从文化视野下总结大学学科生态发展的规律，对其各自的学科生态发展进行分析比

较，并归纳总结出学科生态发展的生成机理和治理策略。

研究思路与研究方法及其构成的研究技术路线如图 1-1 所示：

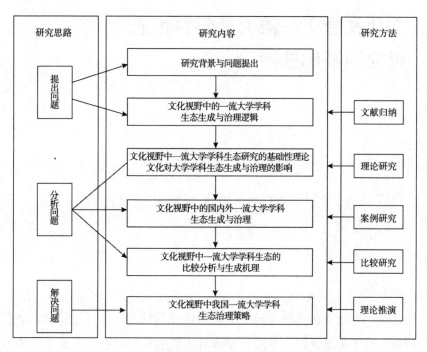

图 1-1 本课题研究思路、研究方法及其技术路线图

第二章

文化视野中一流大学学科生态研究的基础性理论

第一节 文化视野中一流大学学科生态的内涵界定

一、文化

文化是人类社会在发展过程中形成的精神活动和产物,包括物质表象和内在精神。对于文化而言,不同的学者有不同的定义,包括广义文化和狭义文化。在《辞海》中对文化的定义:广义上说,是人类在历史实践中所形成的物质财富和精神财富的全部;狭义上看,指人类意识形态,以及相应的制度和组织机构。文化具有地域性、民族性和唯一性,是一种社会意识形态的反映,反映社会又反作用于社会。

英国学者泰勒在其《原始文化》中对文化的定义为:"文化包括知识、信仰、艺术、道德、法律、习俗,以及社会成员获得的能力和习惯的综合。"[①]美国学者克莱德·克鲁克洪教授指出文化是人类群体共享的、特殊的生活方式,包括显型式样和隐型式样。[②]

本书选取广义的文化概念,将文化定义为人类历史实践中所形成的物质财富和精神财富的总和,涵盖社会文化、大学文化和学科文化三个层次,物

① 泰勒. 原始文化 [M]. 蔡江浓, 译, 杭州: 浙江人民出版社, 1988: 1.
② 程超功. 文化旅游产品评价体系研究 [D]. 无锡: 江南大学, 2009.

质文化、制度文化、行为文化和精神文化四个维度。

社会文化指由人们创造的，并对相应区域内人或事物产生深远影响的各种文化现象和文化活动的总和。大学文化是以大学为载体的文化形态，是大学在办学和历史实践过程中形成的共同理念、价值追求和行为模式的总和。①学科文化是学科在发展过程中形成的某个学科特有的语言、学科规训制度、价值标准、思维方式和伦理规范等。社会文化包含大学文化和学科文化，大学文化又涵盖学科文化。

物质文化、制度文化、行为文化和精神文化是文化结构理论的四个组成部分。物质文化是精神、物质和行为文化存在的物质基础，是人类所创造的显性和隐性的物质显示和存在。对于学科发展来说，物质文化具体包括基础设施、仪器设备、图书资源、资金投入等。制度文化是人类在生存和发展过程中形成的社会关系的总和，以及由此形成的组织性的规范体系。对于学科发展来说，制度文化包括社会和大学的法律制度、经济制度、政治制度和组织制度等，尤其是有关大学和学科发展相关法律法规、条文、教育发展纲要等。行为文化是人们在生活过程中呈现的行为方式和结果，是人们价值观念取向的体现，受制度的导向和制约。对于学科发展来说，行为文化是指围绕学科发展的政府、大学师生、大学管理和服务人员所呈现的具体行为表现。精神文化是人们在生活生产中演变成的特有的意识形态，具有凝聚、激励和导向的作用。对于学科发展来说，精神文化包括社会风气、大学办学理念、校风、校训、学风以及学科人的思维模式等。其中精神文化是中心，制度文化是文化的载体，物质文化是文化的保障，行为文化是文化的外在表现形式。文化的层次和维度关系图详见图 2-1 所示：

---

①　于秀国 . "双一流" 背景下的大学文化建设初探 [J]. 北京教育 (德育), 2018 (11)：51-54.

物质文化   制度文化

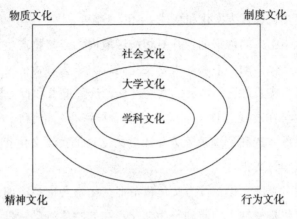

精神文化   行为文化

图 2-1 文化含义图

二、一流大学

蔡元培曾指出，"大学者，研究高深学问者也"，即现代大学是研究和传授高深学问、授权颁发学位的高等教育机构，具有人才培养、科学研究、社会服务、文化传承和创新的功能。一流大学是指办学水平处于世界一流水准的大学，包括世界一流大学和中国一流大学。

世界一流大学没有严格的界定，学者普遍把世界大学排行榜，如《美国新闻和世界报道》（简称 US. News）世界大学排名、QS 世界大学排名、英国泰晤士报世界大学排名以及上海交大世界大学排名中前 100 名的大学称为一流大学。这些排名普遍将大学的声誉、杰出的人才、较高的学术水平、丰富的科研成果以及国际化水平等作为一流大学的评判指标。

中国一流大学是指在世界一流大学界定标准下，我国颁布的"双一流"建设方案中的一流大学。2017 年国家颁布了《统筹推进世界一流大学和一流学科建设实施办法（暂行）》的通知，确立一流大学为 42 所，一流学科建设高校为 95 所。因此，通常将中国一流大学定义为"双一流"名单中的 42 所高校。

三、学科生态

在中国古代中，学科最早出现在宋孙光宪《北梦琐言》卷二："咸通中，进士皮日休进书两通：其一，请以《孟子》为学科。"这里的学科是唐宋时期科举考试的科目。① 学科在辞海中的定义为：按照知识的性质而划分的门类。如社会科学中的教育学、政治学等。学校教学的科目。如英语、生物、化学等。②

现代学界对学科的定义不尽相同，包括知识说、组织说和制度说三种。知识说是指学科按知识划分，是人类在认识世界过程中形成的知识体系，这个知识体系就是学科。组织说认为学科是一种组织结构，体现在学科围绕着知识活动形成的组织结构，是具有组织形态的学术组织。③ 伯顿·克拉克认为学科有两层涵义："学科"为一门知识；以及根据学科建立的组织。④ 托尼·比彻在《学术部落和领地》中将学科看作相对独立的"学术部落"，具有不同的文化属性和身份。⑤ 制度说认为学科是严格的制度规训，从学科知识和制度的层面进行界定。华勒斯坦认为"称一门知识是一门学科，具有严格和认受性的内涵"。⑥

本书采取多种学科说的定义，认为学科是以知识体系为中心，学者参与其知识活动的独立的组织。学者、知识和组织是构成学科的核心要素，其中学者是学科的主体，知识是学科的本原，组织是学科的载体。

本书将生态学的相关理论应用于学科发展研究中。关于生态学的相关定义，1869 年德国生物学家恩斯特·海克尔认为：生态学是研究生物体和周边环境相互作用的学科。其他学者认为生态学是研究生态系统结构和功能的学科。近年来，生态学的基本原理已经不仅仅应用于生态中，学者们已经将其运用于其他学科领域中。

学者通过研究发现学科发展与生态系统中生物的进化和发展具有相似性，

---

① 宋东桓. "学科竞争力"研究现状分析［J］. 电脑与电信，2019（3）：66-69.
② 夏征农，陈至立. 辞海（第六版）［M］. 上海：上海辞书出版社，2011：2521.
③ 宣勇. 基于学科的大学管理模式选择［J］. 中国高教研究，2002（4）：43.
④ 伯顿·克拉克. 高等教育系统——学术组织的跨国研究［M］. 王承绪，徐辉，殷企平，译. 杭州：杭州大学出版社，1994：15-20.
⑤ 托尼·比彻. 学术部落和领地——知识探索与学科文化［M］. 北京：北京大学出版社，2008：6.
⑥ 华勒斯坦. 学科、知巧、权力［M］. 刘健芝，译. 北京：生活·读书·新知三联书店，1999：14.

拥有生态系统的一般特征，将生态学的原理和理论应用于学科建设中具有可行性。大学和学科作为一个生态整体，学科知识在既定的学科组织形式下，通过学科人的主观能动作用，实现学科与学科之间、学科与社会之间的物质、能量和信息的交换，形成一个相互依赖、相互影响的整体，与生态学中的生态系统高度类似。

本书研究通过对学科和生态学定义的分析与整合，将学科生态定义为在外部环境影响下由学科知识生态、学科组织生态和学科人生态构成的有机整体，三个组成要素相互影响、相互促进，形成动态发展的生态体系。

第二节 文化视野中一流大学学科生态的核心内容

一、学科知识生态

学科知识生态是学科生态的本原，主要包括学科知识结构、学科研究方向和学科研究方法等方面。

学科知识结构是指大学内部学科知识的构成和发展情况，主要指学科门类和学科专业的发展情况，文化通过对不同时期学科知识的偏好影响学科的知识结构。

学科研究方向是指学科主体在一定价值观念影响下根据社会发展现状以及自身学科发展需求所进行的带有倾向性的学术选择和定位，是学科在发展过程中的学术倾向性以及研究的学术偏好，文化通过自身文化特色和学科知识现状选择学科研究方向。

学科研究方法是揭示事物内部规则的手段和工具，文化通过影响学科知识发展从而影响学科研究方法的选择。

二、学科组织生态

学科组织生态是学科生态的载体，主要包括学科组织形式、学科制度规训、学科资金来源和学科交流网络等方面。

学科组织形式是指承载学科知识的结构和方式，是学科能够继续留存和不断发展的组织保障，以组织机构作为载体，比如学部、学院、学系、研究所和教研室等，使人们真切感受其存在。文化通过影响社会和学科的发展影响学科组织形式。

学科制度规训是指在一定社会环境下，用来调节、计划和规范学科发展的规章制度，主要包括学科分类、学科评价、人才培养、学科准入等诸多方面。文化是通过影响社会需求和学科知识发展水平来影响学科制度。

学科资金来源是指学科获取办学资金的渠道和方式，是学科资金筹措的途径，不同的文化特性影响着学科的资金来源。

学科交流网络是指学科知识之间传播、交流、创新和传承的平台，主要包括期刊报纸、图书、出版社、学术团体、会议以及师生交流、学科对外交流等。文化通过影响社会和学科知识的发展影响学科交流网络。

三、学科人生态

学科人生态是学科生态的能动主体，主要包括学者以及学者团队等。

学者，有广义、狭义之区分。广义的"学者"指的是具有一定学识水平、能在相关领域表达思想、提出见解的人。狭义的"学者"指专门从事某种学术体系研究的人。校长在学科生态发展过程中发挥着重要作用，是大学、政府与社会三者之间沟通联系的重要角色，是大学变革的领军人物，因此本研究选取校长作为学者的代表。文化通过影响校长的治学理念、选拔方式、任期、权力等影响学科生态的生成与治理。

学者团队是指大学中专门从事教学和研究工作的教师队伍，通常由具有创新意识的学科带头人和一支结构合理的学者队伍组成。文化通过影响学者队伍的知识水平、教学思想和行为、学术和管理权力等影响大学的学科生态。

学科生态的内涵要素及其相互关系具体如图2-2所示。

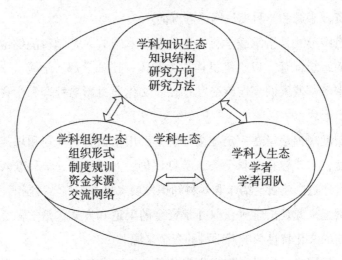

图 2-2　学科生态要素及其关系

第三节　文化视野中一流大学学科生态的理论基础

一、文化功能理论

　　文化功能理论是社会人类学的重要理论基础，它是在 20 世纪 20 年代由马林诺夫斯基（Malinowski）和拉德克利夫·布朗（Radcliffe-Brown）提出的，有其产生的历史必然性。在社会发展中，随着西方资本主义国家第一次工业革命的相继完成，资产阶级在世界市场中确立了其统治地位，开始疯狂占领殖民地，这时资本主义国家和殖民地国家之间的矛盾也逐渐凸显出来，殖民地国家的人们开始反抗侵略与压迫，不服从资本主义国家的管理与统治。尤其是在第一次世界大战后，英国在殖民地国家的统治地位受到冲击，英国政府为了调和与镇压反抗力量，急需一种新的理论来适应统治阶级需要，因此英国政府开始鼓励学者参与殖民地国家土著文化的研究。马林诺夫斯基（Malinowski）的文化功能理论就是在这一背景下产生的，他从价值中立的角度洞悉殖民地土著文化，并对其给予正确认识与肯定，这赢得了被殖民者的好感，在一定程度上缓和了资本主义国家和殖民地之间的矛盾，也有利于巩固英国在殖民地的统治地位。

　　文化功能理论的主要观点认为所有文化现象的存在都具有一定的价值与意义，高度肯定了不同文化之间的差异性，认为每一种文化现象的形成都与社会环境密切相关，并且将社会看作一个有机统一体，通过文化可以将社会各部分有机联系起来，文化的产生也源于人类社会发展需要，文化功能发挥作用主要表现在满足这一需要，因此要将文化功能放在整个社会环境中统筹考虑。另外，马林诺夫斯基（Malinowski）从人的需求入手，将人的需求分为满足个体发展的基本需求、关注社会性发挥的衍生需求以及关注精神的综合需求等三个层次，认为对这三种需求的回应是文化功能的表现。[1]

　　基于文化功能理论的观点，在本研究中应用其相关理论是可行的。首先，文化功能理论肯定了文化在学科生态发展中的作用。本文从文化视野出发，结合相关研究对象，探究文化在学科生态发展中发挥了哪些作用，具体是如何影响学科生态进程的。其次，文化功能理论为学科生态的完善与治理提供了思路。根据我国一流大学学科生态发展现存问题，从文化视角出发，并在文化自信方针的引领下，为我国一流大学学科生态发展建言献策。

二、组织生态学理论

　　组织生态学理论是组织理论中的重要组成部分，借鉴和运用社会学、生态学的相关理论来观察组织与环境的相互关系。1977 年，汉纳（Hannan）和费里曼（Freeman）合作发表了"组织种群生态学"一文，其中指出种群的概念是指一定范围内，由具备共同形式的所有组织一起构成，种群内的各组织对环境的依存程度不同，其组织结构和活动方式也不相同。[2] 1989 年，汉纳（Hannan）和费里曼（Freeman）合作完成了《组织生态学》一书，通过组织种群与个体间的交叉互动关系来构建组织发展分析框架，并提出环境变化在

---

[1]　惠嘉．马林诺夫斯基的文化功能理论及其完善路向［J］．内蒙古师范大学学报（哲学社会科学版），2015，44（6）：89-94.

[2]　孙岩．基于组织生态学理论的内部控制环境问题研究［D］．长春：东北师范大学，2009：4.

组织生长发展中起重要作用。① 随着社会的发展，学者们对组织生态学的内涵和外延进行了相关补充，最初的研究主要集中在组织设立、组织进出、组织存活率等方面。20世纪90年代后，组织生态学理论更多地将研究视角转向社会环境，研究在组织形式变革和发展中环境所起的作用，目前组织生态学理论也被广泛应用到其他学科领域的研究之中，为其他学科提供研究新视角。②

　　组织生态学理论的主要观点认为组织是在环境的作用下动态发展的，其中组织对环境的适应性在很大程度上影响着组织发展，着重强调环境对组织的影响力。组织生态学理论为学科生态发展提供了扎实的理论基础，将其应用到本研究是合理的。首先，大学学科具有生态学的相关属性。在学科发展中，学科不仅仅是单一存在的个体，它与生命有机体相似，在其成长和发展中需要和周围环境与其他学科不断地进行交流与互动，也会经历产生、成长、发展和消亡等多个阶段。本研究运用组织生态学理论探究学科建设中的生态学规律，将学科看作是具有生态学规律的整体系统，在不同的社会环境下其发展演化方式不同。其次，学科生态发展过程是一个与环境不断协调进化的过程。本研究从组织和生态的角度，梳理学科生态发展过程，并分析在这一过程中一流大学所处的文化环境，探究文化对学科生态发展起了哪些作用，具体有哪些表现。

---

① Michael T. Hannan, John Freeman. *Organizational ecology* [M]. Massachusetts：Harvard University Press, 1989：75.

② 彭璧玉. 组织生态学理论述评 [J]. 经济学家, 2006 (5)：111-117.

第三章

文化对大学学科生态生成与治理的影响

文化一旦形成，便具有强烈的弥散性和历史惯性，对学科生态发展产生的影响也是长久且牢固的。学科生态主要包括学科知识生态、学科组织生态、学科人生态。本章以探究文化对学科生态生成与治理的影响机制为研究的起点，能够从理论上帮助理解文化视野下大学学科生态的生成，为后文的案例研究打下理论基础。

第一节　文化影响大学学科知识生态

一、文化影响学科知识结构

学科知识结构是指大学内部学科知识的构成和发展情况，文化通过对不同学科知识的价值判断影响学科知识结构。中世纪欧洲神权至上，基督教掌控社会权力，社会上宗教文化占据统治地位，神学备受推崇，因此中世纪大学中神学知识处于学科知识结构的顶层，且占据着绝对主导地位，其他的文法医学处于学科知识结构的底层。18世纪工业革命后，社会经济生产方式发生巨大变革，大机器生产的工业文化逐渐兴盛，也影响了自然科学从广泛意义上的人文学科中脱离出来，形成了自然科学、社会科学和人文学科这种新的学科分类。17—19世纪英国的绅士文化成为主流文化，认为培养有德行的绅士是第一目的，怀疑科学技术对于人文教育的价值，注重对人品德的关注，注重培养人文精神，倡导自由、勇敢、积极、进取、自立的精神，给教育领域也带来了重视人文学科和社会科学、忽视科学技术教育的思想观念，使大学中人文学科的地位大大超出了自然科学学科。因此，尽管英国是工业革命的发源地，但英国直到19世纪中叶，才产生了旨在传播和研究科学技术的城市大学。这导致19世纪中叶前，英国的学科生态系统中人文学科和自然科学发展极不平衡。

我国古代社会制度是封建专制制度，需要对被统治阶级实行在思想上和物质上全面的控制，因此传统文化的核心就是"伦理道德""三纲五常"等；同时小农经济决定了社会物质文化水平偏低，对自然科学等实用性学科的需求不强烈，因此教育领域推崇有利于维护封建秩序的知识——"儒家理学"，学科知识的范畴属于人文学科，算学、医学等实用性的学科知识在整个知识体系中处于较低的地位。新中国成立之初，国家实行计划经济，百废待兴，需要大量对口的各行各业的专业人才，各种狭窄的专业学科应运而生，学科知识呈现狭窄化、专业化和碎片化等特点。1978年国家实行改革开放政策，各种涉外专业学科应运而生，学科知识的国际化和市场化趋势明显。21世纪以来，由于新经济时代的到来，创新性知识在知识中占主导地位，经济结构转型升级、产业结构调整与优化产生很多复杂问题和技术前沿问题，需要不断打破行业间的壁垒，进行技术合作和产业融合，这样的行业发展环境使科学技术研究新成果以及新兴产业科技人才缺口亟待弥补。而这些问题已经不是单一学科能够有效解决的，产业融合已成为学科交叉的重要引擎，要求突破单一学科的壁垒，研究理论和方法不断相互渗透交叉，促进多学科交叉融合发展的学科生态形成。加上信息技术发展极度迅猛，社会各界都认识到了信息技术的作用，形成了"信息文化""互联网+文化"等，直接影响了信息技术相关学科的生成。

二、文化影响学科研究方向

学科研究方向是指在学科研究中显示出的学术倾向性。文化通过自身偏好影响学科研究方向。德国理性、严谨、认真的文化传统影响德国大学学科在18世纪最早树立了对学术和科学研究的重视意识，德国大学除传递学科知识外，更有了创新发展学科的倾向，以1810年柏林大学的创立为典型标志，确立了科学研究的中心地位。因此总体来说，德国大学更偏重文理等学科的基础研究，基础理论研究非常强势，在提高学科水平、对学科高精尖层次研究方面成果斐然。

美国文化在整体上具有功利主义和实用主义倾向，也影响了大学学科较为注重实用性，如 19 世纪中期出现的赠地学院，是大学学科受社会文化影响注重实用性和功利性的突出体现。赠地学院强调人才培养的实际功用，即培养出的学生毕业后所掌握的技能能够迅速全面地应用到社会地方工业和农业生产中，推动地方经济发展。因此赠地学院中设立的学科非常强调实用性，注重学科与社会工业部门、农业部门等的连接、适应和动态调整，学科研究方向的专业性、指向性较高。

我国古代小农经济决定了物质文化水平较低，出于规范社会秩序、统治人们思想的需要，统治者选择了强调社会等级、注重精神义理的儒家文化，轻视农、工、商等实用领域。汉朝初期，儒家思想的统治地位在我国得以确立，隋唐的科举制度把儒家文化与做官紧紧联系在一起，强化了儒家文化在社会中的主导地位，因此我国古代长期都是以研究精神思想、求"天理"为主，体现了社会整体文化对学科研究方向的影响。

学科文化层面对学科研究方向的选择和判断尤为具体。同样是自然科学，英国注重科学技术的理论性和学术性，在科学原理和基础理论研究方面颇有建树，在物理、生物、化学、遗传工程等基础理论方面保持着世界领先的地位[1]；而美国受到实用主义文化传统的影响，则更注重科学技术的应用转化研究，促进了学科对外界生产和经济领域的应用，使学科研究方向的开放性更高。

三、文化影响学科研究方法

学科研究方法是指在研究中使用的揭示事物内在规律的工具和手段，文化通过影响学科地位影响其研究方法的地位。就我国而言，封建社会时期，封建文化决定了人文学科占据主流，传统人文学科最为基本和常用的研究方

---

① 张应强 . 文化视野中的高等教育［M］. 南京：南京师范大学出版社，1999：107.

法就是文本的梳理和思想的阐释，因此从整体上观察我国古代研究方法，对于事物的阐释是最主流的研究方法。就西方而言，在宗教文化占据社会主流地位的时候，由于神学学科处于独尊地位，因此主要教学内容是对古希腊罗马典籍的阅读和研究，主要课程有古典文学、逻辑、数学、音乐等，学习内容的性质决定其主要使用思辨、推理等方法。在实用主义文化盛行时，自然科学较高的社会地位也影响其研究方法被广泛借鉴，如实验法、实证法、分析法等研究方法被引入到人文学科和社会科学的研究之中。

此外，学科文化自身也影响学科研究方法。比如人口学，生命表技术、假定队列分析方法、人口预测技术，以及标准化和因素分解技术是经典的人口分析方法技术，这些方法技术至今仍具有强大的生命力，并赋予人口学相比其他社会科学而言独具一格的视角和学科魅力。随着人口学学科的发展和成熟，数据追踪越来越普遍，也诞生了一些新的分析方法，如事件史分析、序列分析及将二者结合的序列分析多状态模型等。[①] 再如思想政治教育学科，在学科初步确立、分支学科发展、学科深入发展的不同阶段，会侧重不同的研究方法，比如在确立初期，主要围绕学科全面探索、系统建设打牢科学的研究基础；在分支学科发展期，研究方法随着学科分化而扩展；在学科深入发展期，对研究方法的综合性要求会不断增强。[②]

第二节　文化影响大学学科组织生态

一、文化影响学科组织形式

学科组织形式是指大学内承载学科知识的载体的结构和方式，文化主要通过影响社会需求来影响学科组织形式。中世纪大学一开始不提供住宿，但

---

① 宋健. 人口学方法的传承与演变——兼论中国人口学学科发展 [J]. 人口与经济，2019（9）：4.

② 单文鹏. 关于思想政治教育学科研究方法深化发展的思考 [J]. 思想教育研究，2020（1）：51.

是随着世界交流的广泛，以及社会学习知识的文化氛围逐渐流行，求学人数急剧增多带来了大学周边住宿需求的增加，因此在大学所在的城市出现了最初的学院，主要职能是提供住宿，后来逐步发展到对学生学习负责，再后来随着越来越多的学生在学院的集中生活学习，学院开始延聘教师到学院讲授，形成了讲座的形式，讲授单科内容。15、16 世纪教学权也逐渐从大学转移到了学院，现代大学普遍的学科组织形式——院、系基本成型。

文艺复兴、工业革命后人们越来越发现人自身的作用和地位，带动了人本主义的文化思潮。英国牛津大学自建校以来，一直具有古典教育、博雅教育的文化传统。目前，英国牛津大学仍旧体现了人本主义、人文教育的文化传统，典型表现是牛津大学的学部制贯彻较好，学部组织教学和科学研究活动（尤其是后者），学部是跨学院的机构，不附属于任何一个学院。这种跨学科的学科组织形式，能促进学科知识交叉，有利于创新科研成果，同时也能够培养具有全面知识和综合素质的学生。

新中国成立后我国建立了社会主义制度，流行"集中力量办大事"的思想文化，是集中、统一、计划的文化风气，对大学学科的影响也体现了这一点。目前，我国多数高校都实行校院系三级管理模式，校院系三级呈金字塔式层层递进，基层学科被学院、学校纵向管理，关系紧密，各院系之间则较为隔离，教学和科研都在学院内部本学科的范围内进行，个别学科形成了研究所，也大多是单一学科性质，学科与学科之间的交流较少，跨学科组织形式生成较难，主要靠大学通过行政手段推动。

二、文化影响学科制度规训

学科制度是学科建设的纲领、规程和准则，囊括学科类别、学科组织形式以及学科评价方式等诸多方面的规则体系，文化主要通过影响知识发展水平来影响学科制度。西方中世纪的宗教文化以及相对独立的大学文化影响西方生成了早期的学位制，由于社会经济发展缓慢，神权统治一切，宗教文化占据主流，不需要科学技术有大的进步和发展，因此，知识的创新发展较慢，大学的主要职能是教学，文、法、医、神学科的学习任务完成后，考核也非常宽松，经教师简单口试即可取得硕士、博士学位，并能够在大学任教，学位可被看作在大学任教的许可证，此时的学位制度并没有严格的考试，对本学科知识掌握程度的评价作用较小，硕士、博士也没有程度上的区别，不区分所学学科知识的深浅，不体现教育水平。这就是中世纪文化下形成的最初的学位制，与文艺复兴和工业革命后形成的近现代学位制内涵相差甚远。

不同的学科文化也会导致不同的学科评价制度。人文学科的学科文化是浪漫、开放、以人为本的，研究对象是人自身的精神世界以及人类的历史发展、社会关系等，可变性较高，研究角度和研究成果也就较为多样，此种学科文化也导致人文学科的学科评价标准难以量化，多依赖于学科内部的习惯、共同价值观，或者说本学科学者的判断力。自然科学学科文化是理性、严谨、求实的，研究对象是自然界的客观事物，自然的客观存在是稳定不变的，并且可以通过人类实践活动去检验，从中得出确切的可以被重复验证的自然规律，也因此自然科学的学科评价标准容易量化，有具体的指标。

三、文化影响学科资金来源

学科资金来源是指学科获取办学资金的渠道和方式，文化的不同特性影响学科资源。首先，不同性质的社会文化导致不同的学科资金来源。资本主义注重实用的文化传统，"资本为王"，影响大学学科的资金筹措渠道，资金的来源方式较为多样，学科与社会资本联系紧密，互动迅速，契合社会需要的新学科生成也更加灵活，进一步强化了学科的实用性。我国社会主义文化，文化计划性和统一性的特点较为突出，使得大学学科的资金来源渠道较为单一，主要靠政府拨款，且有定向分配，一方面带来了保障和稳定，另一方面学科发展的自主权以及与市场的联系也受到一定的限制。如行业型大学学科在归属国家行业主管部门时由于所获资源的充足支持，发展极为迅速，但体制改革后，由于不能及时调整发展战略，学科发展陷入了一段时间的低迷。

大学文化影响学科资金来源。比如在建校时以理工科为主的大学，资金投入多投向理工科，长期发展下来基本会形成严谨、务实的大学精神文化，大学精神代代传承，如果没有较多的外在影响因素，该校在较长一段时间都会保持分配更多的资源发展理工科这样的习惯。而以文理科为主的综合性大学，对各学科的资金分配则会更为均衡。

学科文化也影响学科的资金来源。自然科学的学科文化是求实的、求证的，较为有形，且科研成果转化较为便利，与社会经济发展的联系较为紧密直接，因此在社会经济发展的快速期，社会对自然科学的偏好是显著的，因此其吸引资金的能力也较强，资金来源渠道较为丰富。相对而言，人文社会科学的学科文化偏向精神的、思辨的，更加无形，科研转化也不够丰富，因此较自然科学而言较受冷落，吸引资金的能力偏低，资金来源渠道较少。

四、文化影响学科交流网络

学科交流网络是指为促进学科交流、传播和创新学科知识提供便利的平台，主要包括期刊、会议和各级各类学会等，文化通过提高其自身发展水平影响学科交流网络。社会物质文化水平较低时，交通不便，信息流通较慢，学科之间的交流较为困难，学科交流网络较为局限，被局限于某一个地区进行小范围交流；而在物质文化水平较高、交通便利、信息传播迅速时，学科交流就拥有了一个良好的外部文化环境，这给学科的跨地区大范围交流提供了可能，学科交流网络也更容易发展起来。不同的制度文化也会影响学科交流网络，比如在社会主义制度下，创建学会、期刊需要经过比较复杂严格的审批和计划安排，而资本主义制度下，学科交流网络的创建和发展更为自由，更为强调与社会市场的接轨。

学科文化最直接地影响学科交流网络的发展。20 世纪 30 年代，随着科学和社会的不断发展，小科学转向大科学即将完成，科学内部发生了剧烈变化：学者团体分化、科学制度逐渐出现，推动了无形学院的出现。[①] 另外从具体学科来说，某一学科发展水平较高即该学科实力较强时，该学科所在单位就更有能力创办一些学会和期刊等，成为交流网络的核心点，学科的交流网络就较为丰富。学科的不同性质也影响学科交流网络的构建，人文社会科学较为注重人的观念和精神，相对于自然科学而言，可能更需要通过学会、会议等交流形式促进学者们之间的思想交流，推动学科发展。

---

① 王建平，叶锦涛．无形学院发展史［J］．济南大学学报（社会科学版），2018（4）：139.

第三节　文化影响大学学科人生态

一、文化影响学者

学者是指具有一定知识水平，能在相关领域从事某种学术研究的人。校长既是拥有知识的人，也是领导者，在学科生态的生成和治理中拥有更多话语权，因此本研究选取校长作为学者的代表。文化通过影响校长的思想观念和选拔方式等，进而影响到大学学科生态的生成与治理。大学校长可以通过颁布学科政策、规章制度等促进某些学科的迅速发展，形成一定的特色，在很大程度上改变该校的学科生态状况。如19世纪末20世纪初长时间留德经历使蔡元培深受德国高等教育思想文化影响，极其重视大学内部基础学科的地位，在其任北大校长时，着手对北大进行改制，对北大形成以文理科为主的学科生态起到了直接的影响作用。华中科技大学原校长朱九思，也是受到了国外顶尖大学都是综合性大学的文化思想影响，形成了一系列教育思想，比如教师是办学的根本、科研走在教学前列、综合化办学等，在华中工学院仅有工科相关学科的时候，增设了一系列人文学科、管理学科，推动了学校的综合化转型和整体学科实力的提高。

英国大学的发展模式长期以来受牛津剑桥古典大学发展理念影响至深，华威大学是1961年经政府批准、1965年获得皇家特许状的一所新大学，首任校长巴特沃斯敏锐地把握大学的本质追求和所处地域优势，当时在英国第一个提出要以满足时代需求为己任，创办一所既满足时代需求、又以学术为中心的大学。使今天的华威大学成了学术和创业相结合的典范。

注重变革和创新是美国大学获得成功的关键因素之一，艾略特是哈佛大学公认的最伟大的校长，在当时美国现代社会和文化基础之上全面改革哈佛大学，如改造课程体系、建立选修制度、发展研究生教育等，实现了哈佛大学从传统宗教学院向现代研究型大学的转变，为跻身世界一流大学奠定了坚实的基础。芝加哥大学校长赫钦斯针对当时美国教育界实用主义和功利主义的泛滥，提出了加强基础课教学、培养通才型人才的理念，大大促进了芝加哥大学的发展，对当代美国乃至全世界的高等教育都产生了深刻的影响。

由于不同的制度文化，国外大学校长的选拔制度有所差异，但大体分为欧陆制和美国制两种类型：欧陆制强调学校选举与政府任命相结合，校长选拔的最后决定权取决于教职工或教授的选举票数，校长产生后则由政府加以任命。欧洲大陆与日本的大学采取这一形式；美国制的特点是在董事会领导下大学自主遴选，英美国家及英联邦国家的大学大多实行董事会领导下的大学校长遴选模式。① 这些大学大多实行董事会领导下的校长负责制，因而大学校长的遴选都由董事会出面组织领导，并成立专门的校长遴选委员会负责具体实施。

在我国，高等教育事业基本由教育部与各省级教育行政部门统一领导与管理，大学校长选拔也是在上级行政部门的直接领导下进行，经过民主推荐、民意测验、民主评议、考察预告等程序报上级主管部门党委会讨论决定。这种选拔机制带来的一个弊端就是校长的任期较短。根据中国人民大学"中国大学校长素质研究"课题组 2006 年对国内 1792 所现任大学校长进行的调查显示，我国大学校长的平均任期为 4.1 年，北京大学、清华大学、中国人民大学、浙江大学等 8 所著名研究型大学校长任职年限为 5.9 年，而美国同类大学的校长任期为 12.2 年。"对一所大学来说，频繁更换校长容易导致校长在办学过程中不思进取或出现急躁、冒进的短视行为；也可能因为办学理念得不到继任者的认同，致使工作难以延续。"②

二、文化影响学者团队

学者团队是指大学中专门从事教学和研究的教师队伍，文化通过影响学者团队的水平、思想以及行为影响大学整体学科生态。文化影响学者团队的水平，社会形成尊师重教的文化风气，认可并高度评价教师，并且保障经济

① 房保俊. 大学校长选拔的趋势预测分析——基于世界一流大学校长成长史的考察 [J]. 黑龙江高教研究，2021 (10)：16.
② 樊未晨，谢洋，熊丙奇. 剑指中国高校行政化弊端 [N]. 中国青年报，2008-03-03 (7).

待遇，就能提高教师的职业声望和职业吸引力，促进更多人才流入高等教育机构担任教师，为大学教师这一职业提供更为充足的生力军。有了庞大的人员基数，就能够选拔出更优秀的人才进入大学，提高学者团队的学术水平。文化影响学者团队的思想，如宗教文化流行会束缚人们的思想，这种束缚也会延伸到大学教学以及科学研究中，不利于现代科学知识的发展。而自由平等开放的思想能使教师在实际的教学科研活动中秉持自由、开放的态度对待大学中的教学科研活动，有利于现代学科知识发展。

文化影响学者团队的学术积极性。大学重视学者的作用，在本校内形成尊师重教的大学文化，尊重教师在学术领域的地位和话语权，有利于一流学者的流入，进而推动学术研究，促进学科生态的良好发展。另外，现在多数高校制定并实施特聘岗位聘任制度、学术奖励制度等，旨在形成一种大学学术激励文化，激励学者进行科学研究和成果产出以促进学科发展。但同时对学者的学术剽窃、学术造假、权学交易等行为都有明确的惩罚规定，这是对学者不当行为的约束。

文化影响学者团队的学术研究范围。不同学科文化既可能对学者间的相互交流和促进产生阻滞，也可能使学者间产生更多的思想交流和学术碰撞。不同学科的学科文化差异过大可能影响学者的跨文化研究，比如生物学和文学的学科文化差异过大，跨学科难以生成，而相近学科由于学科文化的相似性，进行跨学科研究就较容易，如化学家迁移到生物学领域，有的还成为药剂师；生物学家在实验心理学研究领域中占有一定的地位等。学者间的合作交流、思想争鸣以及研究领域转变有助于构建跨学科的学术共同体，给学科生态系统自我进化提供强劲动力。

文化影响学者团队的形成和成果的发表。文化，特别是学科文化，对学者学科研究的伦理规范、思维与行为习惯等都起到一定的规约作用。在研究形式上，自然科学领域的研究问题容易被划分为较小的部分并分别解决，因而一般以团队形式开展研究活动，学者间交流互动频繁，团队合作紧密；而在人文社会科学领域，问题普遍界定宽泛且研究独立，更多以个人工作的方式进行学术研究，学者间关系松散；在研究成果输出方面，有些学科从事同一研究课题或联系紧密的课题的人数较多，学者之间竞争激烈，非常在意成果的优先发表，如物理学会较多地使用到"预印本制度"，延迟 3 个月发表成果会被认为时间过长；而历史学的研究处在相对来说封闭的理论和知识框架中，研究成果从写作到发表可以有 1~3 年的时间间隔。

第四章

文化视野中的我国一流大学学科
生态生成与治理

第一节 北京大学学科生态的生成与治理

北京大学创办于 1898 年，初名京师大学堂，是中国第一所国立综合性大学，也是当时中国最高教育行政机关。辛亥革命后，于 1912 年改为现名。作为新文化运动的中心和五四运动的策源地，作为中国最早传播马克思主义和民主科学思想的发祥地，作为中国共产党最早的活动基地，北京大学为民族的振兴和解放、国家的建设和发展、社会的文明和进步做出了不可替代的贡献，在中国走向现代化的进程中起到了重要的先锋作用。爱国、进步、民主、科学的传统精神和勤奋、严谨、求实、创新的学风在这里生生不息、代代相传。北京大学是我国大学的领头者和高水平大学的代表，现有 8 个学部，74 个院系，是一所具有理学、工学、文学、艺术学、历史学、哲学、经济学、管理学、法学、教育学和医学等学科的综合性的研究型大学。在全国第四轮学科评估中有 49 个学科参评，评估结果为 A 类的学科有 35 个，其中有 21 个学科获得 A+ 评价，A+ 数量与清华大学并列全国高校之首。以北京大学为案例进行学科生态生成与治理的研究，具有典型的代表性。

一、学科知识生态

（一）学科知识结构由七科分立逐步演化至十一类学科综合发展

北京大学学科知识结构的演变从七科分立，到文理法三科，再到文理两科，再到九类、十一类学科综合发展。

清末西方列强入侵，政治危机和社会危机、经世致用风气的兴起以及西方科技和思想的渗透，都引起了人们对西方实用学科的关注和重视，进而导致中国传统文化与教育逐渐没落，西方文化与教育逐渐崛起；加之西方在达尔文进化论后形成了西方中心论的文化流派，加剧了西方文化的优越地位，留学归国人员也受这种文化思想影响。北京大学在1898年建立初期称京师大学堂，魏源提出"师夷长技以制夷"的思想，洋务派以"中学为体、西学为用"为指导思想，主张学习西方的铁路、轮船制造、采矿等技术，引领了重视实用的风气，带动了后续京师大学堂工科、商科等实用学科的产生；另外国际交往中对翻译人才的现实需求，以及学习西方先进技术的过程中对语言的需要，都推动了翻译学科的发展，进而推动京师大学堂设立译学馆。甲午中日战争后抗争和改良思想愈加浓厚，民主和实用的思想文化日益深入人心，维新派应运而生，主张发展民办工商业，主张兴办近代教育，提倡学习现代科技知识，模仿学习日本大学的分科模式，将大学分为文、理、法、工、医、农、商七科，重视师范教育，这些思想及行为促进了七科学科知识结构的形成。

封建文化教育的遗留导致了经学学科的存在。20世纪初京师大学堂学科结构即文、理、法、工、医、农、商学科加上经科，为了培养师资，京师大学堂实际还有教育学科。由于当时社会文化水平整体偏低，1902年至1910年主要存在发展的学科是：经史科、法政科、师范科、翻译科、医科、博物实习科（1907年设立），1910年分科大学正式开学，这是本科教育的起点，也是学院首次出现在大学里，主要开设了文科、经科、法政科、农科、工科、商科、格致科等7科，下设13门。

1912年"中华民国"成立，社会意识形态发生改变，经学被取消并入文科，其余学科照旧。加上国家近半个世纪的积弱使我国民族自卑感日益严重，崇拜、效仿西方文化的价值观念愈演愈烈，西化已经成为全社会所追逐的风尚，注重实用的风气盛行，人们对事物的判断标准日益向"有用""实用"靠拢。后续新文化运动兴起，主张全盘西化，以"民主与科学"为口号，实用主义思想文化兴盛，打破了封建思想的禁锢，美国的教育理念随着留学生的归国更是日益流行开来，大学形成了"重术轻学、学以致用"的风气，法、商等社会科学以及工、医等自然科学较受重视。在这样的文化氛围下，北大 1912—1917 年文、理、法、工、商科并立，学科范围广但水平不高，法、商、工科的学生人数较多，科举遗毒过深加之升官发财习气风靡，导致文理科也深受法、商等学科的功利风气和陋习所影响。

后续蔡元培担任北大校长，面对大学以及学科的不健康状态，贯彻了新的教育理念，主张大学应以追求纯粹学术为本，以研究高深学问为大学宗旨，"重学轻术"，形成了追求纯粹学问的大学文化。北大在 1917 年后扩大文、理两科规模，增加史学门和地质学门，调入北洋大学的法科，调出了工科，北大法科实力雄厚预备独立，涵盖政治学、经济学（商科大学演化而来）、法律学三个分支学科，最终北大形成了文、理、法三科三足鼎立的学科知识结构 20 世纪 20 年代理科下增设了生物学（1925）、心理学（1926），1924 年文科下增设了教育学和东方文学（日文），1931 年成立的外国语文学系由英、法、德、日四个语种组成。详情见下表 4-1 所示。

表 4-1　20 世纪 30 年代北京大学学科设置情况

文科	哲学、史学、中国文学、外国语文学（英法德日）、教育学
理科	数学、物理学、化学、地质学、生物学、心理学
法科	法律学、政治学、经济学

1938 年三校合办西南联大，北大的文理法各科融入文理法 3 个学院之中，西南联大的学科设置情况见下表 4-2 所示。这种学科知识结构一直保持到 1946 年西南联大结束。但是学必借术以应用，以理科为基础的工学、农学、医学等偏应用的学科在 30 多年中长期处于缺位状态，一定程度上浪费了学术资源，也影响了学科知识结构的完整性。1946 年结束西南联大回京后，北大在文、理、法三个学科的基础上，增设医、农、工 3 科，共计有文、理、法、医、农、工 6 大学科，增设马列主义毛泽东思想课程。

表 4-2　20 世纪 40 年代西南联大学科设置情况

文科	中国文学、外国文学、历史学、哲学心理学
理科	算学、物理学、化学、生物学、地质地理气象学
法商科	政治学、法律学、经济学、商学、社会学
工科	土木工程学、机械工程学、电机工程学、航空工程学、化学工程学、电讯专修科
师范科	国文学系、英语学系、史地学系、数学系、理化学系、教育学系、公民训育学系、师范专修科

　　1949 年新中国成立急需经济建设人才，在社会主义的集权文化影响下，国家加强了对教育的领导，大学全部转变为公立，教育部开始直接对部分大学进行管理。受到当时社会意识形态影响，学习社会主义阵营中发展较快的苏联成了当时整个社会的准则，当时社会文化最突出的特点是苏联化，注重计划性、专门性和指向性，教育方面也改变了民国时期大学以学术为本的大学观念，照搬苏联模式，注重大学学科的专门性和实用性，与社会和国家需要联系紧密。北大作为教育部直属大学，在国家指导安排下，经过院系调整，北大新增不久的医、农、工 3 个学科被调出，清华大学、燕京大学等校的文、理相关学科调入。北京大学此后较长一段时期仅有文、理两大学科。

　　从具体学科来说，有语言文学、历史学、哲学、经济学等文科门类下的学科；数学力学、物理学、化学、生物学、地质地理学等理科门类下的学科。另外国家推广马克思主义意识形态的需要还催生了中国革命史教研室和马列主义基础教研室，加强马克思主义学科建设，北大还设有体育教研室促进体育学科发展，设有医预科。西方文化影响下人文学科天然容易成长，因此民国期间历史学、哲学、社会学等学科已经有了较好的基础，造就了一批高水平的学者。但由于马克思主义的意识形态和国家进行经济建设的需要，工科得到重视，人文学科的发展相对受到局限，其中与英美教会大学关系紧密的社会学被全面取消，50 年代中期北京大学对学科进行调整，重建了法律学、政治学。20 世纪中期，国家发展核工业，1956 年国家《十二年科学技术发展规划》将"计算技术的建立"作为一项重大科学任务。北大在理科下发展了地球物理学、无线电电子学、高分子化学、计算机、计算数学、物理学等新的分支学科，到 1966 年北大新增了地球物理系、无线电电子学系、技术物理系、法律系、国际政治系、图书馆等 6 个学系，共有 18 个学系。

1966 年"文化大革命"以阶级斗争为纲，高考被停止，各校都停止招生，对大学的学科生态造成了毁灭性打击，大部分学科专业停办，直到 1978 年改革开放国家做出了把党的工作重心由阶级斗争向经济建设转变的决定，大学外部环境开始恢复正常。自清末以来我国传统文化传承断层，人们的民族文化自信普遍较低，"文革"又对传统文化造成了巨大破坏，20 世纪 60 年代中苏关系恶化也减弱了苏联文化对我国的影响，西方文化再次大量涌入，成了我国社会的潮流文化。受西方价值观和知识观影响，务实主义和逐利主义文化盛行。邓小平提出了"科学技术是第一生产力"，但务实主义和对科技的重视使社会上弥漫着科技主义至上的风气，"学会数理化，走遍天下都不怕"的观念一度流行，自然科学学科更受推崇。大学受适应论和工具论的影响，过于迎合社会需求，内部科技理性主义信马由缰，向青年一代灌输着科技至上的实用主义观念。1985 年《中共中央关于教育体制改革的决定》提出教育为社会主义现代化建设服务，扩大学校办学自主权。

受上述文化影响，在北大内部，实用主义色彩浓厚的自然科学相关学科迅速发展，实用性较明显的社会科学相关学科发展较为迅速，关注人类自身精神的人文学科生存空间受到了挤压，同时随着各学科的发展成熟，学科交叉、跨学科现象开始变得明显。具体来说，在自然科学领域，恢复重建理科下的物理学、数学、化学、力学、生物学、地理学、地质学等，筹建计算机学、工程科学等应用性工学专业，随着学科发展日益重视应用，地理学系改为城市与环境学系，后续由于社会对生态环境问题日益重视，北大成立了环境学、生态学专业。在社会科学领域，恢复重建教育学、社会学、政治学、心理学、经济学、法学，其中经济学、管理学受经济迅速发展的文化环境影响，发展迅速，1985 年设立经济学院，学院下设的经济管理学独立成系后1993 年与管理科学中心合并为后来的光华管理学院。在人文学科领域，文学、历史学、哲学等稳定发展。哲学下新设了宗教学这一分支学科。我国重视党的思想理论建设，推动了大学里马克思主义理论学科的发展，1980 年北大成立了"马列主义研究所"，进行马克思主义理论的教学与科研；1992 年成立马克思主义学院。根据《学位授予和人才培养学科目录》中的分类标准，即理学、文学、工学、管理学、经济学等九类学科共同发展。

90 年代的信息革命，带动了工学下的信息学科发展，包括信息技术、计算机科学与技术、电子科学与技术等学科，文学门类下的新兴一级学科新闻传播学也应运而生。信息革命也引发了知识爆炸现象，世界开始步入"知识经济"时代，对具有复合知识、学习力强、创新力强的人才提出了需要，另外在当代要取得重大科学技术成就，促进科学创新发展，越来越依托不同学科间的交叉与融合，这也引领了通识教育等理念的回归，跨学科的学术研究和人才培养开始流行。北京大学各学科之间交叉融合现象也非常显著，新兴边缘学科和交叉学科迅猛发展，主要涵盖了社会、经济、人口、教育、数学、物理学、化学、生物学、医学、天文学、电子学、纳米科学等学科领域，形成了众多交叉研究领域。

经过改革开放，社会物质的极大丰富也使人们产生了更多的精神文化需求，对大学人才培养和学科设置提出了新要求，北大进入 21 世纪后增加了医学和艺术学 2 个学科门类。国家重视人民日益增长的精神文化需求，2011 年将一级学科艺术学升格成为一个学科门类，同时大学愈加注重学生的素质教育，帮助学生追求更有意义和更有价值的人生。北大也秉持这种观念，加强人文学科，尝试发挥人文学科对人才培养的作用，艺术学学科地位上升，在1997 年建立的艺术系基础上于 2006 年成立艺术学院，2010 年正式成立歌剧学院，艺术学科的前身可以追溯到蔡元培在北大任校长时提倡的"美育"。医学起源于京师大学堂时期的医学馆，后来逐步发展为北京医科大学。因社会对人才扩大知识面、有更好的综合素养和创新能力的需要，2000 年北京医科大学归入北京大学，扩大了北大的学科范围。

（二）学科研究方向由基础研究为主逐步演变至基础研究与应用研究相结合

京师大学堂建立初期学科研究方向受社会封建文化和西方文化的综合影响，既体现了封建性，又体现了实用化倾向。清政府对濒死封建制度的维护以及千百年来儒家经学在思想文化领域的主导地位导致了学科研究方向是封建守旧的，而西方文化在当时的兴起以及迅速展现的优势促使学科研究方向更加实用。基于当时中国低水平的现实文化状况而设立的预备科、速成科、译学馆和医学馆则体现了学科贴合实际走向实用的趋势。

1912 年民国成立后，学科研究方向偏重基础研究，但研究都是对国计民生实际有益的。蔡元培受到德国大学追求纯粹学问、重视基础研究的大学文化影响，1917 年在北大进行改革，肃清了乌烟瘴气、不学无术的大学氛围，北大开始真正追求学术，主要进行文理法科偏基础理论的学术研究。1949 年后，北大受计划经济文化影响，按照国家政策安排仅设置文、理两大基础学科，继承巩固了基础研究的研究方向，但是专业设置与社会部门结合紧密，导致有专才化趋势；另外在复杂的国际形势下，社会科学相关学科中对国内人口、经济、国际政治方向的教学和研究有所发展，还有物理学中的核物理学，本身属于基础理论研究，但同时也体现了满足国家需要的实用性，学科研究水平也在逐步提高。1956 年国家明确提出"向科学事业发展"的口号，同年中央政府还明确地制订了《1956—1967 年全国科学技术发展远景规划》，北大积极进行科研并卓有成效，如化学方面合成了人工牛胰岛素、计算机方面"红旗机"的研制、物理学方面的"湍流理论"研究等。

改革开放后，学科研究方向受以经济为中心的社会文化影响较大，朝实用化发展，在继续重视基础研究并保持优势的同时，大力开展应用研究。传统的理论研究为主转变为理论与实践相结合，加强了国家建设中重大理论和实际课题的研究，建立了分子、信息、生物、化学、材料等领域的国家重点实验室。对于新中国成立后长时间受"专才教育"影响造成的弊端，北大提出了加强基础教育的理念，促进学科之间的交流。另外，北大还有意识地面向社会、服务社会，加强了与社会企业的合作，越来越重视科技转化，建设了科技园、产业园等科技转化的平台，使学科的研究方向与社会联系更加紧密，进一步向实用化发展。随着社会问题的日益复杂化，以及学科自身的分化成熟，以问题为中心的综合化的学科研究方向逐步显露，学科朝着跨学科、综合化的方向发展，并生成了许多新的研究方向，如材料学中的超材料、信息管理学下新生的情报学、工科的新工科等。尤其是在进入 21 世纪后，信息爆炸文化导致事务的发展越来越以问题为中心，更是促使各种跨学科研究中心、新兴信息技术学科等出现，学科研究方向朝着跨学科、综合化、信息化发展。

（三）学科研究方法由一体化向分科化再向借鉴融合方向转变

在西方入侵，我国被迫学习西方的社会文化状况下，1898 年京师大学堂建校，注重学术一体性的中国传统学术研究方法被打破，研究方法走向了效仿西方的道路，即分科研究，知识向精细化、分裂化发展。学术知识由七科组成，七科的每一科都有各自的研究领域和研究方法，人文学科受中外文化共同影响主要运用哲学思辨方法，以阐释为主，理科完全仿照西方，使用基本的实验法，处于初步学习阶段。民国时期，由于受到西方实用文化以及西方大学实证主义研究方法的影响，逻辑实证主义和科学主义研究方法在中国广受认可，一些人文研究领域学者都受此影响，主张用科学的方式进行科研，注重推理演绎。自然科学领域学科需要大量的、新的、精确的和系统的科研资料，往往是通过试验而获得的，因此自然科学把实验法、实地调查研究法等实证主义方法作为主要的研究手段；人文学科受科学主义影响较大，也运用实验法、统计法等。仿照西方大学模式，北大也设有实验室和图书馆，西南联大时期，由于地处西南腹地，为了服务当地的同时搞科学研究，通过实地调查法对西南边疆少数民族的风俗、语言、经济、矿产资源、地质、气象、人口等方面进行了系列调查。①

新中国成立后物质文化水平大大提高，大学里实验设备的数量增多，质量提高，图书馆的藏书量也在不断增多，因此自然科学中最重要的实验法得以较好应用，也给人文学科的文献研究法、历史研究法、统计法等提供了条件。由于统计国家经济、资源、人口等方面的社会实际发展需要，因此在地质学以及人口学、社会学、经济学等方面综合使用了定量研究法中的调查研究法、定性研究法中的文献研究法、历史研究法等。改革开放后研究方法没有发生大的改变，自然科学领域的实验法总体上来说仍占据大学内部主导地位，人文学科受自然学科的实证方法影响也使其产生了一些问题和自我反思，逐渐重新树立了人文学科界限，回归了其对人的精神研究的学科特殊性质，文、史、哲方面都开始回归注重理解、解释、体验的研究理念，受到社会问

---

① 张春涛. 西南联大的西南边疆调查研究［D］. 昆明：云南师范大学，2014：1.

题日益复杂化、社会经济迅猛发展的影响，已经逐渐产生了以问题为中心，统筹运用多种研究方法的趋势。比如，在管理学中，自然科学与社会科学的研究方法并存；定量与定性方法并存，同时还有两两结合的集成方法。①

进入 21 世纪后，由于信息技术的普遍使用，各种研究方法都可以通过利用信息技术更方便快速地进行研究。比如文献法，我国 1999 年建立了"知网"这一知识信息化平台，实现了知识资源的传播共享，提高了科研效率。

二、学科组织生态

（一）学科组织形式由分科大学逐步演变至学部

在中西对峙的社会文化状况下，初立的京师大学堂的学科组织形式按照制度规定分三层，即设置 8 门分科大学，上设大学院，下设预备科。基于当时较低的文化发展水平和政府迅速提升在职官员文化水平的需要，京师大学堂实际还设有速成科和两馆，详见表 4-3 所示。

表 4-3　1902 年京师大学堂学科设置情况

教学层次	具体学科
大学院 （研究生层次）	大学院，后改为通儒院，学生不上课，主要从事专门的研究工作
分科大学 （本科层次）	经学、政法、文学、医科、格致、农科、工科、商科
预备科 （为升入本科做准备）	政科、艺科（后改为三科：医科的准备科单列）
速成科	仕学馆（后改为进士馆，1905 年废除科举制度后，进士馆失去存在的必要，于 1907 年改为法政学堂）、师范馆（后改为优级师范学堂独立设校，1912 年改名为北京高等师范学校）
附设两馆	译学馆：京师同文馆并入而来，最优的也可进入分科大学（存在于 1903—1911 年） 医学馆：1903—1906 年，后 1912 年建国立北京医学专门学校，即后来的北大医学部

---

① 梅钢.中国管理研究方法的研究现状及展望［J］.中国石油大学学报（社会科学版），2011（4）：18.

北京大学主要是受西方大学模式影响开设的，民国建立后，学科组织形式更是模仿西方，但蔡元培的系列改革对北京大学的组织形式起到了直接和决定性作用。1919 年"废门设系"，设置数学、物理学、化学、地质学、哲学、史学、中国文学、英国文学、法国文学、德国文学、俄国文学、经济学、政治学、法律学等 14 个学系，并且撤"科"设"部"。蔡元培认为这样调整的原因是现行大学制度急需重修，以便适应国家新的需要。① 实质上各学科知识仍属于文理法科。后来，蔡元培采用"学院"代替"部"，来统领各学系。② 1929 年国民政府颁布《大学组织法》《大学章程》等，规定具有文理科兼有其他 1 科及以上的称大学，进行校—院—系三级管理，北大的学科组织形式随即改为了校—院—系三级。

20 世纪 20 年代，在文、理、法科学科知识发展的同时，还设立了文、理、法三科研究所，进行学科的高水平研究。北大研究所是当时中国高等学校最早的研究机构（后续增设地质研究所、国学门），在三校合办西南联大的时候，仍旧保持着研究所建制，北大自身办有文科、理科、法科三个研究所。③ 1946 年回京后，北大设立文科、理科、法科、医学研究所招收研究生。研究所这一学科组织形式提升和丰富了北大学科生态的层次。

20 世纪 50 年代到改革开放前，大学学科组织形式主要是仿照苏联实行系—教研室模式。北大的学科组织形式即是如此，全面取消了学院制，系科中设专业，系下还设有作为教学和科研的基层组织的教研室，并培养研究生。具体有 12 个学系，33 个专业，7 个专修科。1954 年，教育部通知设立物理研究室，1958 年在此基础上建成了原子能学系。④ 根据 1963 年《教育部直属高等学校自然科学研究工作暂行简则》的规定，北大也设立了研究所。北大本时期主要有外国哲学研究所、亚非研究所、理论物理研究室、半导体物理研究室、物理化学及胶化化学研究室等研究机构，都属于文、理两大学科基础

---

① 蔡元培全集：第 5 卷［M］. 杭州：浙江教育出版社，1997：311.
② 左玉河. 蔡元培与五四时期中国现代大学制度的创建［J］. 河北学刊，2019（3）：17.
③ 北京大学档案馆校史馆. 北京大学图史 1898—2008［M］. 北京：北京大学出版社，2008：69.
④ 北京大学档案馆校史馆. 北京大学图史 1898—2008［M］. 北京：北京大学出版社，2008：231.

性研究的范围。新中国成立后至 1966 年，北大共培养了 2000 名研究生。①

改革开放后，重新受到西方文化影响，北大学院制占据主流。以学科为逻辑创建的院、系等组织是一种传统的组织结构，在大学承担着育人、科研的重要使命，并且在传统的知识模式下极具优势。② 1985 年北京大学设立经济学院，标志着改革开放后大学恢复校—院—系三级管理体制的起步，使学校管理更加科学化。21 世纪初期教育部进行了新一轮的大规模院系调整，各高校也以此为契机改造教研室，恢复和兴办学院。目前大学的学科组织形式主要有三种：学院下设学系型；学院、学系并存型；学部下设学院型，校科研形式是教研室或研究所。③ 1999 年，北大实行"学部制"，开创中国大学实行"学部制"的先河。但由于受苏联文化的遗留影响，北京大学现在还存在"苏式"学科组织形式，如文学、历史学、哲学都是以学系的形式存在，不升级为学院，其中的关键点是苏联文化影响了学科中的学者，学者观念受苏联文化影响，选择固守苏联的"系"的特点。

改革开放后逐渐出现了许多问题，仅靠单一学科难以解决，科学技术也向综合化发展，各学科在分化的同时也在综合，开始产生互相交集的学术领域，学科的跨学科趋势开始出现，对跨学科组织形式的需求也开始增大。北大开始注重建立跨学科的教学研究机构，为学科之间交流以及进行跨学科综合研究提供了更好的条件。具体来说，21 世纪前，北大主要建立了以下跨学科的教学研究机构：科学中心、美国问题研究中心、信息科学中心、高等教育科学研究所、管理科学中心、计算机语言研究所等，将信息工程学、生物学、传播学、管理学、国际关系学、文学、教育学等学科互相交叉，进行综合性研究。这些中心、所不仅负责组织和协调开展跨学科的综合性、边缘性研究工作，还承担培养研究生的教学任务。显示出北大在注重本科教学的同时，注重各学科的科学研究，推动学科的可持续发展。

进入 21 世纪后，跨学科趋势也使北大继续加强跨学科建设。目前跨学科

---

① 《今日北大》编写组.今日北大 [M].北京：北京大学出版社，1987：82.
② 李鹏虎."双一流"建设中的跨学科元素：组织及制度 [J].现代教育管理，2019（4）：50-51.
③ 王周谊.论"治理"视域下的大学学科建设 [J].中国大学教学，2017（7）：38-39.

类院所及中心主要有：燕京学堂、元培学院、前沿交叉学科研究院、先进技术研究院、分子医学研究所、中国社会科学调查中心、科维理天文研究所、核科学与技术研究院、北京国际数学研究中心、海洋研究院、现代农学院、人文社会科学研究院。生态学理论认为，任一生态系统都具有内在的自我调节和平衡能力，而系统内部要素的多样性和结构的复杂性决定了此种能力的高低。① 同理，学科越多样，其自我优化学科结构的功能就越强，其学科生态就能越稳定。北京大学目前为学科交流、交叉学科、边缘学科的生成创造了良好的学科组织形式，有利于推动学科生态稳定、持续发展。

（二）学科制度变动较大并逐步完善

在 1898 年戊戌变法的影响下，光绪皇帝颁布《奏拟大学堂章程》批准开办京师大学堂，大学分为普通学科和专门学科，学生需要先修普通学科（经、史、理、初级算学、格致学、政治学、地理学、体操），再选修一或两门专门学科（高级算学、格致学、政治学、地理学、农学、矿学、工程、商学、兵学、卫生学），另加选一门外语：英、法、俄、德、日，另设医学堂考求中西医学，推动了医学学科发展；设师范斋培养学堂教习人员，推动了教育学学科发展。后期戊戌变法失败各项措施均被废除，但清政府试图把举办新式教育作为维护封建统治的重要内容，因此保留了京师大学堂，这也决定了此时京师大学堂中经学、史学学科地位很高，兵科、农科、工科、商科、理科、外语等西方实用学科地位相对较低。

1902 年，清政府恢复京师大学堂，张之洞制定《高等学堂章程》《大学学堂章程》等规章，对大学学科门类进行规定，即经学、政法、文学、医科、格致、农科、工科、商科 8 种（相当于现在的学科门类），下设 46 门（门相当于现在所称的一二级学科和专业）。京师大学堂作为全国最高学府，需 8 门学科全设，在分科大学之上设大学院，从事更高层次的研究工作；在分科大学之下设预备科，为学生补习基础知识，为进入正式分科大学做准备。

蔡元培受到德国大学追求纯粹学问的文化影响，回到中国后于 1912 年制

---

① 武建鑫. 世界一流学科的政策指向、核心特质与建设方式 [J]. 中国高教研究，2019（2）：27-28.

定颁布了《大学令》等，规定大学设置 7 科，将经科并入文科，因此北大的经科并入了文科，称为国学科，其余照旧。① 在大学的管理方面，设立校长管理大学整体事务，各科再设学长负责各学科的管理。另外规定了大学各科对学生授予毕业证书和学位证书的要求。但由于当时社会文化较为混乱，辛亥革命后各项管理制度不稳定不易落实，北京大学仍旧多科并立，被功利主义文化浸染，1917 年蔡元培担任北大校长后《大学令》才得以贯彻。

1935 年，我国仿英美体制公布《学位授予法》，规定了学士、硕士、博士学位评定办法，文、理、法、农、工、医、教育七科的学位，均为三级——学士、硕士、博士，商科则是两级——学士、硕士，但由于现实教育状况所限，如学科研究水平不高、制度不完善等，硕博士学位获取的人数较少。抗日战争结束后社会环境得到了极大改善，高等教育水平也随之得到改善。

1949 年新中国成立后我国成为社会主义国家，迫切需要进行经济建设，学习苏联成为行为准则，之前效仿西方建立起来的大学制度也愈发不能顺应社会发展需求，因此 1952 年国家颁布《全国高等学校调整设置方案》指出调整重点是工学。1954 年《高等学校专业目录分类设置草案》规定设置专业按照国家的建设部门来设置，如工业部门、建筑部门、运输部门等，体现出社会建设需要是大学学科及专业设置的根本依据，学科文化中的国家需求烙印显著。② 物质文化的需要对大学进行科学研究也产生了需求，为了取得高水平研究成果助力国家经济建设，1963 年《教育部直属高等学校自然科学研究工作暂行简则》规定：高校的科研分为研究所、研究室，由校、系或者教研室领导。

改革开放后市场经济文化成为主流，同时恢复了研究生招生，因此社会对大学的科研也提出了更高的要求，1981 年国家正式实施学位制度，规定设学士、硕士、博士三级，极大地规范了人才选拔制度。依据此制度，北京大学在研究生教育方面稳步发展，1984 年北京大学成立研究生院，研究生教育

① 郝平. 北京大学创办史考源（修订版）[M]. 北京：北京大学出版社，2008：15.
② 纪宝成. 中国大学学科专业设置研究 [M]. 北京：中国人民大学出版社，2006：64.

进入了新的辉煌时期。1984 年到 2000 年，北京大学授予研究生学位的总人数约为 1.3 万人。① 2000 年，学校拥有 16 个一级学科博士授权点，14 个二级学科硕士授权点，学科研究水平有了极大的提升。

随着高等教育大众化的发展，全国大学数量迅速膨胀，而国家资源又有限，因此 20 世纪 90 年代国家实施"211 工程"和"985 工程"，先扶持建设一批大学，以学科发展为核心，取得了成效但也出现了"马太效应"的弊端。因此近年出台了更为完善的大学和学科建设方案，2015 年《统筹推进世界一流大学和一流学科建设总体方案》将"一流学科"建设作为大学发展的重中之重，也制订了更加科学合理的学科评价方案，给学科的发展提供了良好的条件。

另外，随着大学的发展，大学与社会联系日益紧密，大学逐渐开始要求自身能够机动灵活地调整办学，因此 1998 年国家颁布的《高等教育法》赋予了高校自主设置和调整学科、专业的权力，高校可以根据实际情况对本校的学科进行更好的调整。北大作为重点高校中的领头者，在政策指导下抓住机会进行了学科调整。1999 年出台的《北京大学学部暂行办法》明确建立学部，2015 年调整了学部的职能，赋予其学科建设、学术研究相关管理职能，逐步构建了学科治理的三级体系"学校—学部—院系"，并开展了学科治理体系改革，将有关学科建设问题的决策权回归给学术委员会，保证了教授治学，提高了学科生态建设的科学性。

（三）学科资金来源以国家投入为主并逐渐多元化

中国传统文化习惯是官办大学由政府拨款，京师大学堂属于官办大学，相当于封建社会时的国子学，同时大学的设立是为了维护封建统治，因此大学主要由政府拨款建设。光绪帝由于思想较为前卫，支持维新变法和新式学堂，具有迫切学习西方先进的科学技术和制度文化的思想观念，因此在资金分配上主要用于学堂中新设立的西方现代学科，而以慈禧为代表的守旧派出于维护封建制度的考虑，顽守封建文化，以封建文化为思想指导，因此在恢

---

① 北京大学档案馆校史馆. 北京大学图史 1898—2008［M］. 北京：北京大学出版社，2008：78.

复京师大学堂时，着重经学为本，资金也主要用以发展经学学科，体现了不同的精神文化对大学在学科资源分配上的不同倾斜方向。

民国建立后，社会环境不平稳，军阀混战以及抗日战争导致社会环境动荡、学科经费匮乏、师生流失，尤其是经费缺乏，延缓了北大学科生态发展速度。西南联大时期，由于经费缺乏，图书馆以及实验室等条件非常简陋，物质文化的局限不利于学科生态的正常发展，特别是不利于对于实验设备需求高的理工学科发展，这也间接影响了西南联大时期，纯基础理论的研究成果较多，文科方面非常繁荣，理工科发展势头较好。

新中国成立后国家重视工业发展，相应地在高等教育中也优先发展工学，优先支持工科建设。北大作为以文、理基础学科为主的大学，在获取国家教育资金投入时会受到一定的冷落，在大学内部，法、商等社会科学由于与社会的联系相对更紧密，获得了更多的资源支持，文、理基础学科获取的资金较少。

改革开放后由于实用文化的倾向和学科科研转化能力的不同，政府以及大学在资金的分配中，大致上仍对理工科投入较多，人文学科获得资源较少。市场经济文化逐步深化也使大学学科除了依靠财政拨款，自身也在扩展资金来源渠道，通过将科研成果转化为生产力、合作办学等方式获取资金，资金来源多元化。如 1985 年，北大与武警部队达成了合作办学协议。1986 年建立北大方正集团，在 IT 行业、医疗行业等握有核心技术，已位列我国电子信息产业的前五强。2003 年成立北大医疗产业集团（北大医学部产学研平台），建立了北大医疗产业园等，通过整合技术、资本等资源，建立了包括研发、人才、投融资、市场拓展等一系列环节的服务体系。

北京大学还积极推进与国内外科技领军企业进行持续、稳定的高端技术联合创新，与华为、腾讯等 50 余家大型企业签署共建联合研发平台协议，合作涉及网络空间安全、大数据、现代医疗、高端智能设备、智慧教育等多个领域。

（四）学科交流网络的数量和质量不断提高

北大建立初期，主要是向外国学习，因此还未形成全国层面和大学层面的社团和期刊等，学习现代科学知识进行学术交流的主要方式是通过外国教师从欧美、日本购买书籍进行学习。民国时，由于欧美的社会文化在中国较为流行，西方社会已有各学科的学会，加之我国当时大学和学者的思想文化较为活跃，因此全国范围学术研究性质的学会开始出现，主要集中于北京，有中国经济学会、中国工程学会、中国心理学会、中国社会学会等。同时创办了许多科技期刊，涉及天文地理、数学、医学、铁路工程、气象学等方面。① 在社会文化西方化严重的情况下，宣传革命、革新、抗战思想的期刊影响范围较大，部分带有学术革新，如 1916 年《新青年》杂志的创办促进了全国文化的更新和北大文学的发展，后续的《新潮》《国民》促进了科学和马克思主义思想的传播。

北京大学学术氛围浓厚，学科发展水平较高，因此校内学术交流平台也较多，1917 年创办的《北京大学日刊》中已有学术稿件出现；1918 年出版的《北京大学月刊》是中国最早的学报，主要刊载研究成果和学术论文。后来又出版了《社会科学季刊》《国学季刊》《自然科学季刊》《北京大学数理杂志》等。② 这些刊物的创办有力地推动了师生的学术研究，推动了校内学术交流。北大还聘请西方著名学者讲学，鼓励雄辩会、进德会、新闻学研究会等社团活动。西南联大时期，也有国文学会、历史学会、歌咏社、剧艺社、文艺社等学生社团。由于仍旧受社会文化影响，除了传播学术成果的主要作用，在社团中也体现了明显的救国、革新倾向。

新中国成立后，各学科的学会继续发展，由于新的政治文化确立，1949年中国法律学会成立；科技的迅速发展促进了 1958 年中国科学技术学会成立；由于物理、信息学科的发展，1962 年中国电子学会、中国计算机学会成立。期刊方面，1949 年在安定的社会文化环境下，北京大学沿袭民国时期出版的《北大日刊》，编辑出版了《北大周刊》，后续几经改名，1955 年出版了《北京大学学报》，提供了校内学术交流平台。由于和平的政治经济环境，发展大学成了社会关注的重点，各校急需高水平的教材。北京大学由于文科发

---

① 王春.20 世纪初期中国科技期刊历史考察［A］//第九届中国科技期刊发展论坛论文集：中国科技期刊新挑战［C］.杭州：浙江大学出版社，2013：398-400.
② 北京大学档案馆校史馆.北京大学图史 1898—2008［M］.北京：北京大学出版社，2008：60.

展基础好，承担了多项文科教材的编写任务，如《古代汉语》《中国哲学史新编》《中国文学史》等，对学科知识的传播起了促进作用。

改革开放后随着向西方学习的深入，以及我国自身学科研究水平的提高，核心期刊的概念出现。受西方文化影响，1973 年《国外书讯》首次引入了核心期刊的概念，直至 20 世纪 80 年代，我国一直翻译学习国外的核心期刊及刊载的理论，20 世纪 90 年代真正开始了对核心期刊的研究，首先是对外文期刊进行评价研究。[①] 1992 年，我国正式出版了《中文核心期刊要目总览》，共遴选出我国 2156 种核心期刊，约占专业期刊的 15%，对学术交流平台进行分级，有利于提高学科交流的水平。由于自身学科水平较高，北大也出版了许多学报和期刊，如《地学前缘》《物理化学学报》《大学化学学报》《中外法学》《国际政治研究》《经济科学》《国外文学》《南亚研究》等。出版的学术著作，也引起了国内外学术界的关注，如 1987 年出版的《北京国际流体力学会议论文集》。另外，北京大学出版社作为重要的学术窗口也已经显示出它特殊的地位。[②]

随着科技的发展，图书馆的建设也有了更好的技术支持。北大图书馆也越来越电子化、数字化、网络化，中国文理综合文献信息中心、中国高等教育文献保障体系管理中心和医学文献中心等均在此设馆，北大图书馆成为我国高等教育知识资源共享的核心枢纽。[③]

进入 21 世纪后，随着学科自身的发展，各学科的全国级、省级、地级学会不断发展，水平也不断提高。期刊方面，中文核心期刊要目总览经过几次修订变得更加科学合理。现在国内已有较为权威的核心期刊的遴选体系，其中北京大学图书馆"中文核心期刊"位列其中，说明北京大学在交流网络建设方面发挥了重要作用。在发行期刊方面，随着教育学科的发展，2003 年新增了《北京大学教育评论》。

① 侯蕾. 关于核心期刊历史与现状的理性思考 [J]. 科技情报开发与经济, 2012 (12): 77.
② 今日北大《编写组》. 今日北大 [M]. 北京：北京大学出版社, 1987：532.
③ 北京大学档案馆校史馆. 北京大学图史 1898—2008 [M]. 北京：北京大学出版社, 2008：283.

三、学科人生态

（一）学者的选拔方式逐步规范

京师大学堂初立时期，由于封建集权文化的影响，实际掌权者的思想倾向很大程度上决定了学堂的存亡及开办的学科。光绪帝支持新学堂和新学科，京师大学堂得以建立，慈禧由于受封建思想的桎梏，京师大学堂的学科就直接转为封建经学。掌权者的个人思想对学科生态的影响几乎是决定性的，校长作用不大，这种专制独裁的形式不利于现代学科知识的发展，不符合现代学科知识自由、独立的本质性特征。但在现代学科生态生成初期，还是需要有一定的外在力量，催使学科生态从旧到新的转变。

民国成立后，社会文化仍然处于混乱状态，国家对大学的管理也不规范。蔡元培游学西方，受西方尤其是德国大学理念和模式影响较大，推崇纯粹学术知识在大学中的核心地位，认为"学为基础，术为支干"，大学应该设置偏重学理研究的文理两科，进行较为纯粹的学理探究，这也与我国传统文化教育的求"道"精神相契合。大学自身具有文化独立性和选择性，适应文化的同时，应发挥选择、创造文化的作用。蔡元培 1917 年担任北大校长后，对北大进行了改制，扭转了当时功利腐败的不良文化风气，拯救了当时被功利风气侵染的学科生态状况，对北京大学学科生态的肃清和进步起到了直接的、巨大的作用。蔡元培还重视师资队伍的建设，坚持"教授治校"，尊重"知识本位"，学术自由，能够使教授在其专业领域拥有话语权，最大限度地尊重学科自身发展规律，为学科生态发展创造了良好的发展氛围。为此，蔡元培聘请了大量在各学科领域处于顶尖水平的学者来校任教，如文科陈独秀、钱玄同、李大钊、胡适、梁漱溟、徐悲鸿等，快速地推动了各学科学术水平的提高。

新中国成立后，国家集权文化浓厚，北大校长在大学实际办学中发挥的主观能动性较小。学科设置调整等都是由国家发布政策法令直接实施，且国家对大学校长任职期限等没有明确的制度规定，而是由国家直接任免，具有一定的不规范性。1961 年国家颁布《教育部直属高校暂行工作条例》，同年国务院直接任命了北大副校长。集权管理体制下的大学校长角色具有与政府高度趋同的特性，校长的作用不能被充分重视和发挥。

改革开放后，市场经济带来了自由的文化风气，大学以及校长的自主权有所扩大，综合社会科技迅速发展状况以及社会用工单位对北大毕业生"上手慢、后劲足"的看法后，丁石孙校长在北大主张"强化基础、淡化专业"的大学文化。学科方面，重视新兴应用学科和边缘交叉学科以及重点实验室的建设，如信息科学中心、分子动态与稳态结构实验室等；科研方面，联系社会经济发展现实情况，着眼西部开发，成立了石油与天然气研究中心；师资队伍建设方面，着重调整师资结构，提出尊"老"、靠"中"、寄希望于"青年"的方针，聘请了多位国外留学归来的年轻有为的教师。

随着社会的发展，国家制度和大学制度逐渐完善。2006年国家发布《部分高等学校领导干部职务任期办法》，其中第三条规定，高等学校党委和行政领导班子及其正副职领导职务（含纪委书记）每人任期为5年。一定程度上规范了之前政府凭借意愿和惯例任命校长的行为，使校长这一职位具有稳定性。但是也可以看出，与民国时期的蔡元培等校长相比，任期有所缩短。良好的学科生态是需要较长一段时间才能形成的综合系统，较频繁的更换校长不利于学科生态的健康稳定发展。

（二）学者团队的水平结构逐步优化且权力不断扩大

京师大学堂成立初期，各科效仿西方学科模式，主要以翻译西方教材为教材，因此需要通晓西文的教师。最初的教师都是聘任一些在华的西方传教士，学术水平较低，教学效果不佳。后来由于逐渐有留美、留日学生归国，聘请这些具有真才实学的学者，才使得大学堂的教学质量有所提高。

民国时期，由于蔡元培在北大形成了尊师重教的大学文化，且选拔教师不论资排辈，而是以真才实学作为唯一的标准，因此北大吸引了众多各领域顶尖的学者，如辜鸿铭、黄侃、胡适、钱玄同等，造就了西南联大在我国教育史上的奇迹。在高水平的师资保障下，各学科学术水平迅速提高，学科生态繁荣发展，声名卓著的大师们是北大学科生态发展繁荣的一个显著优势。1919年五四运动使国际马克思主义在中国得以传播，北大作为运动的中心，涌现出李大钊等具有初步马克思主义思想的知识分子，为哲学、史学等人文社会学科的发展提供了有力的支持。

新中国成立后，在政府的计划下实施了院系调整，政府以自上而下的行政手段制定并贯彻实施方案，使得各有关院校和系科迅速完成了院系调整，也直接影响到了学校具体的人员安排上。① 较为忽视人的因素，教师个人需求没有得到尊重，教师作为学科知识领域的专业人，对其所从事学科发展的学术话语权也没有得到充分尊重，大学教师随着行政指令被划分到不同的大学甚至更换学科领域，违背了大学应有的尊重知识、尊重人才的文化风气。

受到"文化大革命"的影响，北大出现了师资队伍结构不合理、水平参差不齐等问题。面临这样的情况，北大派遣了一部分优秀的年轻教师出国留学，将一些校内工作人员分批安排到合适的岗位，达到了优化师资结构、提高师资水平的效果。后期也非常重视引进优秀青年教师以及高端人才，如院士、长江学者等，注重师资团队的"老、中、青"结构比例问题，师资水平和师资结构得以优化。由于受到以经济为中心的文化影响，西方企业的绩效管理理论也被大学采用，对教师的评价着重于科学研究的成果，以论文数量为评价的主要标准。这种重视绩效的文化理念在一段时期内促进了大学科研成果的产出，但是也逐渐造成了重数量轻质量，以及影响了教师的专业化发展问题。在全球化的潮流下，教师也越来越多地参加国际交流、出国进行访学等，逐步走向国际化。目前学校现有专任教师 3401 人，其中中国科学院院士 90 人，中国工程院院士 25 人，发展中国家科学院院士 38 人，杰出青年科学基金获得者等各类杰出人才 2074 人。学者团队的数量和水平在全国高校中都位居前列。

第二节　清华大学学科生态的生成与治理

清华大学有着"红色工程师的摇篮"的美称，目前清华大学经过不断发展已成为具有工科优势的综合性大学，是我国一流大学的杰出代表。以清华

---

① 刘一砖. 建国初期院系调整改革预期目标及其实现的研究［D］. 长沙：湖南师范大学，2010：16-18.

大学为案例进行学科生态发展研究，对于相同类型的大学发展具有一定的借鉴意义。

一、学科知识生态

在学科知识生态上，目前清华大学已经形成综合性的学科知识生态布局，共涵盖 12 大学科门类，其中工科是学科知识生态中规模最大、最突出的学科领域，在整个校园文化氛围中占据优势。在我国第四轮学科评估中，清华大学有 21 个学科获得 A+评价，其中工科占 14 个。通过学科分类发展，清华大学将现有学科凝练成工科、理科、文科和生命医学等四个学科领域，在突出学科特色与优势的同时，以工科为引领，逐步实现各学科领域的发展目标与建设任务。学科研究方向也更加强调学科的社会服务导向，重视科技成果的转化应用。另外根据学科特性和研究对象的差异，学科研究方向侧重点也有一定差异，比如工科强调以国家创新发展驱动战略为研究导向，加强突破性；理科强调立足国际学术前沿研究；文科强调在加强基础研究的同时注重应用性；生命医学学科强调学科交叉研究，培育学科增长点。

（一）学科知识结构由西学为主演变为工科优势下的多学科综合发展

文化视野中清华大学的学科知识结构从最初清华学堂以西学为主的仿美时期，发展到文、理、法、工四科协同发展期；再到全国院系调整后的单一工科强势发展期，这一时期也奠定了清华大学工科发展的雄厚基础；改革开放后，学科知识结构逐渐演变为工科优势下的多学科综合发展时期。

清华学堂时期，在社会文化和大学文化的综合影响下，主要从事留美预备学生的培养，以西学为主，国学被边缘化。在社会文化方面，19 世纪末至 20 世纪初，中国社会动荡不安，物质财富被西方列强瓜分强占，领土和主权完整性遭到破坏，证明了"落后就要挨打"的道理。这一时期我国处于睁眼看世界时期，社会文化主要表现为学习和借鉴西方。尤其是甲午中日战争后，在社会精神文化方面，国人对西方的态度发生转变，强烈认识到向西方学习的重要性，在教育领域开始大量吸收西方教育内容。因此在社会制度文化表现上，通过引进西方教育制度培养国家所需人才。在大学精神文化方面，清华学堂的成立直接源自美国退还的庚子赔款，因此早期清华学堂深深打上了西方文化的印记，办学目标主要是为了培养留美预备学生。这一时期清华师生也将清华学堂视为国家落后的象征，将一雪国耻、力图富强作为肩上的责任。

民国初期，在"庚款办学"的民族屈辱与自强不息的大学文化影响下，清华开始向现代大学过渡，学科知识结构有文、理、法三科。在社会文化上，随着新文化运动和五四爱国运动的开展，社会文化主要表现为"民主"和"科学"，在其影响下教育改革也开始在高等教育领域进行。在大学文化上，受当时社会思潮影响，国内要求收回教育主权，争取学术自主，同时庚子赔款的终止日期即将到来，清华也急于摆脱庚款办学的民族屈辱，主动追求办学的独立和自主。1925 年设置大学部后，其办学宗旨和人才培养目标发生了根本性转变，不再从事留美预备人才的培养，而开始向近代独立建制的大学迈进。此时学科知识结构共涵盖文、理、法三大学科门类，设置 12 个学系，同时还成立了国学研究院，专门进行中国文化的研究。

南京国民政府成立后至新中国成立前，由于受崇尚理工的社会制度文化和精神文化影响较大，清华大学工科应运而生，后来在抗战的现实需要下发展农科，形成文、理、法、工、农五科的学科知识结构。在社会精神文化方面，我国自古就盛行"学而优则仕"的观念，忽视了对科技的追求，造成我国近代科学技术发展动力不足，高等工程教育发展较为缓慢，工程技术人才紧缺。另外在西方思想文化影响下我国知识分子有着强烈的民族主义思想，抗战爆发后我国陷入深重的民族危机中，民族主义逐渐上升为主流精神文化，救亡图存、争取国家独立是这一时期的追求目标。[1] 因此在社会制度文化的表现上，国民政府为配合经济发展需要，政策上对实科教育予以倾斜，在 1929 年的《中华民国教育宗旨及其实施方针》中要求高校大力发展理工类学科，为实用类学科发展提供社会制度保障，这一时期工科成为高等教育发展潮流。在大学文化方面，清华大学的工科发展除了受实用主义文化的影响外，在很大程度上得益于梅贻琦校长重视工科的办学方针。梅贻琦在留美学习期间深受西方高等工程教育影响，认为中西方高等工程教育的差距源自文化上的巨

---

① 刘登阁，周云芳．西学东渐与东学西渐［M］．北京：中国社会科学出版社，2000：113.

大差距，提倡重视工科。在这一办学方针及其学术自由思想影响下，清华工科迅速发展，并形成了崇尚理工的大学精神文化氛围。清华大学农科发展受社会文化影响较大，在抗战现实需要以及农业人才缺乏的情况下，教育部在5825号训令中强调农业人才培养的重要性。受社会制度文化引导，清华大学设立了农业研究所，主要进行农业改良研究。这奠定了清华大学农科发展的根基，抗战后在农业研究所的基础上成立了农学院。①

从新中国成立至改革开放前，受社会制度文化和精神文化的影响，在国家行政力量的统一调整下，清华大学学科知识结构以工科为主。在社会文化方面，开始改造民国时期遗留下来的旧的文化教育制度，批判20世纪上半叶从欧美引进的大学模式，并开始全面学习苏联，社会主义文化成为主流意识形态。在苏联建设经验以及优先发展重工业的影响下，国家对工程科技人才的需求急剧增加，重文法科轻理工科的教育格局已经不适应新中国经济建设的需要。因此在社会制度文化方面，在国家政策的统一安排下，我国开始了全国范围内的院系大调整，改革传统英美教育体系，大学发展注重单一化、专门化以及实用化，设立单科性大学，改变了过去重文轻工的学科布局，其中工科由边缘位置上升到主流地位，文科专业的发展受到限制。在大学文化方面，这一时期社会制度文化对大学发展的控制和影响加大，清华也积极对自身办学目标进行调整，"培养社会主义所需工业人才"成为清华大学发展的首要目标，逐步形成了具备社会主义性质的大学精神文化。这一时期单一工科得以发展，奠定了清华工科的雄厚基础，使之成为"红色工程师的摇篮"。

从具体学科来说，院系调整后原有文、理、法、农四科在国家统一安排下分别调出，工科实力通过院校合并得以进一步增强，一共设置8个纯工科学系。同时在社会精神文化的影响下，高校对学生进行马克思主义理论教育成为其突出任务，清华大学在蒋南翔校长推动下开始系统地、有计划地进行马克思主义教育。50年代中期，蒋南翔校长洞悉到原子能、核化工、火箭等科技领域的发展趋势，在大学制度文化方面，在突出工科优势的同时向中央

---

① 王佳楠，杨舰. 清华大学农业研究所的创建及发展——战争与科学视角下的解析 [J].
自然辩证法通讯，2020，42（7）：62-68.

提议在清华大学推行"十大新兴学科建设",如核科学、电子学等,奠定了清华作为理工科特别是工科为主的大学的基础。但工科的一枝独秀也意味着其他学科的百花凋零,本时期清华大学在文、理、法、商等学科领域处于空白状态,且理科和工科是互相促进互相支撑的;单独发展工科,缺乏了基础理论的巩固和支撑,一定程度上破坏了学科生态的完整性,也不符合当时世界高等教育发展潮流。1966 年"文化大革命"爆发,高校停止招生,在整个社会意识形态领域的影响下大学发展进入瘫痪状态,学科发展也出现了停滞甚至是倒退状态,对学科生态的良性发展造成了巨大的阻碍。

1978 年后,在改革开放的社会文化背景下,清华大学不断调整学科知识结构,逐渐开始进行工科、理科、文科、生命医学等学科布局。在社会文化方面,随着改革开放战略的实施以及工作重心的转移,我国也迎来了学习和引进外国先进文化的新潮流。但这次我国不是盲目学习和借鉴,而是采取谨慎的态度,更加注重去粗取精,并注重联系我国发展实际。在高等教育领域,院系调整后专科性大学的弊端逐渐显现,通识教育理念重新受到重视,大学发展开始突破计划经济下苏联的高等教育模式,重新学习英美高等教育模式。清华大学结合国家对多元化人才队伍建设的需求,适时提出"建设世界一流大学"的奋斗目标,并不断调整学科知识结构,其综合性的学科生态发展布局在 20 世纪 80 年代已经初步凸显出来。

从具体学科来说,在文科领域,1983 年清华大学确立了"建设以工科为主体,理、文、管理学科相结合的综合性大学"目标,这一目标在很大程度上影响了清华大学的文科发展布局,促进了文科恢复调整。[①] 首先,通过设立相关院系以及教研室进行初步恢复,如建立马列主义教研室、文史教研室、经济学院、理学院、人文社会科学院等。其次,通过学科组织的不断分化来完成人文社会科学的学科布局,比如,从最初的人文社会科学院逐渐分化出法学院、新闻与传播学院,后人文社会科学院又分化为人文学院和社会科学院等。1999 年通过合并中央美院,建立了艺术学科。在理科领域,在原来工

---

① 《清华大学文科的恢复与发展》编辑组.清华大学文科的恢复与发展 [M].北京:清华大学出版社,2011:6.

科基础上衍生出基础理科。这主要得益于蒋南翔校长的远见卓识，在院系调整时蒋南翔校长坚持在文理科调出的同时，将图书资源保留在清华大学，并且用工程物理、工程化学、工程数学等方式保留基础学科的种子，因此工程物理、工程化学、工程数学等很快衍生出物理、数学、化学等基础学科，并且物理、化学在目前学科排名中处于优势。在工科领域，清华大学以国家经济建设为导向，兴建一批高新技术专业，先后成立建筑学院、信息科学技术学院、机械工程学院等，重点建设信息、能源、材料等相关学科。在生命科学领域，生命科学的学科布局是在 90 年代以后逐步建立起来的，在施一公、严明等学者的带领下迅速发展，成为目前清华大学四大学科领域中的重要组成部分。

进入 21 世纪，清华大学已经基本完成向综合性大学的过渡，在工科优势引领下强调多学科综合性发展。在社会文化方面，21 世纪是创新的时代，文化创新是社会发展的动力来源。大学文化更加多元化。在学科发展上，信息化和全球化的到来，信息技术科学、网络科学、软件、机械、人工智能等与市场密切相关的学科受到重视；另外学科在分化的同时也在整合生成新兴学科和交叉学科，学科融合趋势明显。清华大学开始通过跨学科实验室或学科群建设来促进学科交叉融合发展，成立交叉信息研究院、脑与智能实验室、未来实验室等。

经过改革开放 40 年的建设，清华大学通过不断增科设系、调整重组学院扩充学科范围，但是工科类一级学科和二级学科在学科生态中所占据的比例仍然较高，其他学科相对较弱。在最新的 2021 年 QS 世界大学学科排名中，清华大学有 4 个学科排名前十，居内地高校榜首，分别是土木、电子、材料、机械航天制造学科；在 2021 年 US. News 世界大学排名中，清华大学工程学科位居世界第一，计算机学科位居世界第四。在我国第四轮学科评估中，清华大学有 21 个学科获得 A+评价，其中工科占 14 个，A+学科数量占全国高校第一。目前清华大学学科生态整合为工科、理科、文科和生命医学等四大学科领域、20 个学科群和 8 个学科，在学科分类发展的同时鼓励文理、理工、工医学科交叉发展。

（二）学科研究方向由基础研究向应用研究转变

清华学堂建立初期，学科发展受美国文化影响，实行通才教育，研究方向以基础研究为主，但忽视了国学的发展。在社会文化方面，清华学堂是在清末废除科举制度、兴办学堂的浪潮中建立的具有浓厚西方色彩的留美预备学堂，受西方文化的影响较大，是在帝国主义操控下的特殊的学校类型。在社会精神文化方面，随着西方列强对我国的侵略逐渐加深，我国民众的民族自信心不够，对国家制度以及文化开始怀疑，同时在清华学堂初期以西学为主的教育模式影响下，国学研究受到忽视。在大学制度文化和精神文化方面，清华学堂早期主要以文理基础学科研究为主，鼓励学生多选读不同课程，但在对学业的管理上非常严格，这也促使清华形成了严谨、认真的大学文化氛围。

1925 年大学部成立后清华开始向正规大学过渡，研究方向由基础研究逐渐向应用研究发展。受当时教育救国的社会文化影响，以及在罗家伦校长和梅贻琦校长重视学术的大学精神文化下，清华形成了浓厚的学术氛围，在大学精神文化上融入了大量西方教育理念。罗家伦主张学术研究是一所大学的灵魂，反对浅显功利化的教学研究，因此除了在地理、政治、经济等学科研究方面偏向社会实际需要外，总体学科更偏重基础研究。[①] 梅贻琦任清华大学校长后主张实科教育，且十分推崇蔡元培的通识教育思想，主张学科研究在重视基础的同时体现出实用性特点。

抗日战争爆发后，学术研究更加关注战争需要和社会发展需求，加之国民政府对实用主义文化的推崇，在学科研究方向选择时更多偏向应用研究。在社会文化方面，抗日战争爆发后争取国家独立，救亡图存成为人们的主要精神追求。因此这一时期大学为社会服务的意识更为强烈，尤其在西南联合大学时期，根据社会现实需要进行农业、无线电、航空等方面的研究，相继成立国情普查、无线电、航空和农业等研究所，人文社会科学的相关研究也和当时社会民生紧密结合起来，服务于国防军工实际需要。比如农业研究所

---

① 苏云峰. 从清华学堂到清华大学：1928—1937 近代中国高等教育研究［M］. 北京：生活·读书·新知三联书店，2001：121.

根据云南地区的社会需求，进行农作物病害调查、菌类标本研究、疟疾传染研究等。①

20世纪50年代后，受苏联专业教育模式影响，进一步加深了应用研究的学科研究方向。在社会制度文化的影响下，国家对高等教育进行统一管理和调控，并要求高等教育为社会服务。清华大学经院系调整后仅设置工科，进行工科专业化人才培养，直接服务于社会主义经济建设需要，此时的机械、土木、水利、建筑等学科都是应用性工科类。随后国家提出大力发展核工业的目标，清华大学紧跟国家需求，设置了核工业相关学科并进行研究，体现出学科研究方向与国家需求联系紧密的特点。

改革开放后，在自由开放的社会文化和大学文化影响下，学科研究主要面向经济建设需要，大力开展应用研究，重视科研成果的转化应用。在社会物质文化方面，随着社会物质财富的逐渐丰富，学科研究更加强调学科的社会服务导向，重视科技成果的转化应用，应用研究趋势明显。在大学制度文化方面，清华大学根据自身的工科优势，紧密结合国家现代化建设需要，在科学研究工作中提出以应用研究为主体，将基础研究和开发研究作为科研工作的侧翼，并强调要促进研究成果的转化和实际应用，强化科学研究实用性价值的发挥。因此清华大学先后建立了电力、环境、信息、电子、水利等13个国家重点实验室，促进应用研究的开展。在科技成果实际应用方面，清华大学注重和企业之间的合作，通过彼此合作以及共建研究机构的方式，构建集产业、学术和科研于一体的平台，推动科技成果实际转化应用。据统计，2016年至2019年，清华大学共兴建或续签联合共建科研机构141个，覆盖国内外多个地区；并与各地区共建研究院，目前共有16家地方研究院和派出研究院，逐渐成为服务创新驱动发展的重要平台。②

随着社会问题日益复杂化，跨学科研究成为学术研究新的着眼点，清华大学通过学科群建设来加强相关学科的交叉融合，并推动跨学科研究中心的

---

① 王佳楠，杨舰. 清华大学农业研究所的创建及发展——战争与科学视角下的解析 [J]. 自然辩证法通讯，2020，42（7）：62-68.
② 清华大学新闻网. 为创新驱动发展战略贡献清华力量 [EB/OL].（2021-02-27）[2021-03-06]. https：//news.tsinghua.edu.cn/info/1007/84948.htm.

建立。清华大学从 1987 年就开始推进学科交叉发展，重点强调学科之间相互交叉渗透，以及加强不同学科间的横向联系。2016 年在清华大学第十七次科研工作讨论会上，将跨学科交叉工作正式纳入学校顶层设计。① 经过不断推进，清华陆续成立未来实验室、脑与智能实验室、智能无人系统研究中心等10 个跨学科研究机构，研究方向更加综合化、实用化。

（三）学科研究方法由传统经验总结向科学化、多元化的方向发展

清华学堂作为留美预备学堂，深受西方文化和我国社会文化影响，实验研究法逐渐受到关注。20 世纪初，受"西学东渐"的社会文化影响，西方国家的教学方法以及实验法被引进，对我国学科研究方法的改革影响重大。学科研究由对传统经验的总结概括逐步转向对知识内在逻辑的重视以及对知识的理性概括，各种仪器设备的使用也为研究提供了便利，以科学实验为主的研究方法受到关注。实验研究法是自然学科领域普遍使用的研究方法，清华大学深受西方文化影响，许多留美归国人才开始在研究中运用留学期间学到的实验法。在物质文化方面，在庚款支持下清华的办学经费较为充足，有当时较为先进的实验仪器设备，这也为实验法的推广应用提供了物质基础。在自然科学领域，主要运用实验研究法和调查研究法；在社会科学领域受自然科学研究方法影响，由原来主要采用文献研究、逻辑思辨等方法，开始逐渐关注调查、统计等方法的运用；在针对农村、人口、经济等领域的科学研究中运用实地调查研究的方法，进行相关研究资料的收集与分析，这种实地调查研究方法是对传统思辨研究的有益补充。

抗日战争爆发后，大学物质文化匮乏，学科研究较多采用逻辑演绎和推理法。这一时期，受社会战争环境影响，实验设备被大量损坏，大多数实验研究处于停滞状态，逻辑演绎法、推理法等使用较多，在纯理论研究方面获得一定发展。其中自然科学方面堆垒素数研究、微分几何研究、激流论研究等取得重大突破；文科方面朱自清、冯友兰、闻一多等先后出版一系列书

---

① 清华大学新闻网．破解跨界密钥，融聚"最强大脑"——清华大学面向未来打造新型跨学科交叉科研平台［EB/OL］．（2021-02-26）［2021-03-07］. https：//news. tsinghua. edu. cn/info/1007/84950. htm.

籍。① 另外，西南联大时期，清华大学为服务抗战需要，成立农业研究所、国情普查所等进行实用性调查研究。其中农业研究所根据云南地区的地理优势，开展植物病害调查、菌类标本搜集、农业害虫研究、疟疾传染研究等一系列实地调研，为改善云南地区农业基本生态环境做出了重大贡献。②

新中国成立后，大学物质文化得以极大丰富，实验法得以广泛应用。这一时期，清华大学实验室数量、图书馆藏数量得以扩充，这为清华大学工科发展提供了便利，在物质文化的保障下实验法得以广泛应用。在人文社会科学领域，20 世纪 80 年代我国出现了"元理论研究"现象，这一研究不是为了学科知识的更新与发展，而是学科的自我认识与反思。③ 该理论认为在人文社会科学研究中人们过度重视科学、理性，试图用自然科学领域的知识逻辑和研究方法对其进行改造，这使得人文社会科学的发展受到一定制约。人文社会科学在这一思想的推动下逐渐回到自身的研究目标上来，关注人类社会的自身存在，强调要坚持以演绎推理、逻辑思辨等为主的研究方法，然后学习和借鉴自然科学的研究方法，避免形式主义和矫枉过正。

在国家提倡素质教育、通识教育的社会文化背景下，学科发展的交叉融合势头显现，学科研究方法也更多地进行相互学习和交流借鉴。21 世纪，信息技术飞速发展，计算机网络得以广泛应用，科学研究可以更多地通过计算机网络获取和处理分析研究数据，这也为人文社会科学中计量法、统计法的运用提供了便利。清华大学十分重视信息网络建设，自主开发信息化系统平台，并接入中外文献资料查阅平台，满足师生科研需求。同时随着 SPSS 统计软件的推广普及，在经济、管理、心理、农业、医学等领域广泛运用了数据收集和统计分析的研究方法。

① 江崇廓等，编著. 清华大学 [M]. 长沙：湖南教育出版社，1995：18-19.
② 王佳楠，杨舰. 清华大学农业研究所的创建及发展——战争与科学视角下的解析 [J]. 自然辩证法通讯，2020，42（7）：62-68.
③ 劳凯声. 人文社会科学研究的问题意识、学理意识和方法意识 [J]. 北京师范大学学报（社会科学版），2009（1）：5-15.

二、学科组织生态

在学科组织生态上，通过制度保障、组织支撑、资源投入等来实现对学科组织生态的动态调整和管理。目前清华大学学科组织形式主要为学院、学系并存制，共设置21个学院，59个学系。在现有的院系结构和学科管理体系下，学院作为学科门类的集合体，覆盖面较广，整合了同类学科。学系是学科的基层组织，进行教学和基础研究，以少个核心学科为主，坚持少且精的原则。清华大学也是国家重要的高层次人才培养和科学研究基地，配备有先进的实验室，多个国家重点研究中心和实验室，科研成果的实际转化能力较强。在学科制度和经费建设上，不断探索学科管理新模式，强调发挥院系在学科发展中的作用，建立了相对完善的资金筹措与配置机制，包括院系学科建设经费、学校重点学科建设经费、学校公共教学平台费、学校公共科研平台费等。

（一）学科组织形式由学堂逐步向校—院—系三级管理模式过渡

20世纪初，近现代大学分科发展模式开始在我国逐步确立。自"西学东渐"以来，在西方学科制度文化的影响下，西方已经初步形成的学科发展模式、学科组织形式不断影响我国大学学科组织发展，我国开始探索建立近现代大学分科发展模式，最初在北京大学等高等学堂实行。但由于清华学堂是独立于普通高等教育系统外的留美预备学校，没有实行分科办学模式，在学堂内开设高等科、中等科，学习知识的难度普遍较低，高等科四年级学生的学习水平和美国大学二年级相当，还未形成独立的学术体系，不能称之为真正现代意义上的大学。

1925年清华开始向大学过渡，受学科文化和大学文化影响，增设大学部并设置11个学系，实行校—系两级学科组织形式。在大学制度文化方面，学校由从事留美学生培养转变为培养我国社会所需的综合人才，培养目标的转变需要制度与之相适应。1926年清华发布了《清华学校组织大纲》，改变了以往只分普通科和专门科的组织状态，规定按学系组织教学活动。在学科制度文化方面，学校培养目标的转变，需要学科发展与之相适应。学科开始通过设置学系来强调专业化发展，同时为加强中国文化影响，设置国学研究院，这时清华由国学研究院、大学部和留美预备部三个相对独立的教学单位组成。

1929年，清华建立校—院—系的管理模式，将11个学系调整为文、理、法3个学院。在学科制度文化方面，在西方学院制影响下，我国大学开始探索建立学院制，颁布《大学组织法》对学科组织发展进行规定。另外清华还颁布了《国立清华大学组织规程》，在相关学科制度规定下清华将11个学系调整为文、理、法3个学院。在大学精神文化方面，清华大学初期渗透着西方文化的强烈影响，但学校十分重视中国传统文化的作用，通过设立国学研究院继承和弘扬中国传统文化，其主张的中西兼容和文理渗透思想对清华大学产生了深远的影响。随着分科化教学的发展，单独进行中国传统文化研究和高等教育发展不相容，另外国学院宁静淡泊的学科精神文化也与当时动荡不安的社会背景不相适应，因此在1929年国学院遭遇停办。另外，随着文、理、法3科的发展，为加深科研层次和提高人才培养水平，在罗家伦校长的主持下成立了研究院，按照科系设置专门的文、理、法等3个研究所进行学术研究；随后在抗战实际需要下，设置无线电、航空和农业等研究所，用以进行专门的应用研究。晚清到新中国成立初期，大学学科组织形式主要由科—门、科—系转变到院—系—所模式。其中科、院基本等于现在所说的学科门类，系、所基本等于分支学科。

20世纪50年代，中国大学全面仿照苏联高等教育发展模式，取消学院制，大学学科组织形式主要是系—教研室模式。在全面学习苏联的社会文化影响下，学习苏联学科制度文化，设置相关学系和教研室。另外清华大学为满足当时急需工业人才的需要，还设置了一批研究机构，如土建设计院、水利设计院、工程化学研究室等。在研究生培养方面，院系调整后我国大学基本取消了较为成熟的研究生制度，清华大学1959年后才开始招收研究生，逐步提高了学科研究层次。

改革开放后，西方国家学科制度文化开始重新影响我国的学科发展，清华大学开始建立学院，目前学科组织形式为学院、学系并存制。在改革开放的社会文化影响下，苏联专业化教育模式弊端凸显，我国大学重新学习欧美国家大学理念，大学学科组织形式向欧美高等教育模式转变，突破系—教研室的苏联模式，重新向以学科为基本分类的校—院—系三级管理模式转变，开始尝试创办学院。目前清华大学学科组织形式为学院、学系并存制，共有21 个学院，59 个学系。进入 21 世纪，随着经济发展和学科知识的不断深化，单一学科知识难以解决复杂的社会问题，学科生态中学科交叉融合趋势明显，清华大学在学科组织形式上进行大量探索，发展跨学科专业以及成立跨学科学部和跨学科研究中心，比如成立 21 世纪发展研究院、生命科学与技术研究院等，通过组织形式创新促进学科生态交叉化发展。①

（二）学科制度不断发展完善并逐渐规范

清华学堂作为庚款支持下的留美预备学堂，在这一时期受西方学科分类发展的制度文化影响较小，有一定的独立性。清末，从洋务运动到新文化运动，我国社会处于向西方文化学习时期，特别是新文化运动时期对西方文化的学习达到了顶峰。在学科制度文化上，近代的大学学制都是在学习和借鉴其他国家学制基础上设立的，如"癸卯学制""壬戌学制"等。清华学堂作为庚款支持下的留美预备学堂，学科制度与清末民初办学潮中的大学均不相同，具备一定的独立性。1911 年游美学务处所拟定的《清华大学章程》规定清华学堂分中等科和高等科，学生需要先进行中等科学习，考察合格后方可进入高等科学习。1925 年大学部设立后，停止招收高等科学生，至 1929 年最后一批高等科学生全部毕业，清华作为留美预备学校的使命全部结束，开始向分科大学发展。

南京国民政府成立后，政府开始在制度文化上加强对大学的控制，颁布相关学科制度规定，清华大学学科制度逐渐规范。国民政府为适应经济发展需要，陆续制定了一系列高等教育的法令和规程，开始逐渐发展我国自己的高等教育规范，形成适合中国发展的大学制度规范，为大学学科生态发展提供了制度保障。② 其中《大学组织法》规定大学分商、文、工、农、医、法、理等学院，大学需要设置 3 个以上学院。1928 年，清华学校改为国立清华大学，在学制、师资、课程等方面均有显著的进步，罗家伦校长对学科和课程

---

① 于东红. 清华大学 21 世纪发展研究院——跨学科学术组织发展的典范［J］. 中国电子教育，2013（3）：12-15+21.

② 王丽娟. 民国国立大学学科价值取向流变研究（1912—1936）［M］. 北京：中国社会科学出版社，2018：211.

进行改革，重新规定各学科发展方针以及课程计划，改革之前混乱的教学制度和纪律，成为清华转型发展的关键阶段。1930年，教育部发布《国立清华大学规程》，规定清华大学直属教育部，并批准清华大学设立文、理、法3个学院。1934年，《大学研究院暂行组织章程》发布，批准清华大学建立研究所，进一步提升学术研究水平。这一时期在大学精神文化上，梅贻琦任清华大学校长后实行民主化的管理方式，坚持贯彻"教授治校"理念，在其领导下清华大学学术研究风气甚浓，为学科发展和学科制度的顺利推行打下基础。

1949年新中国成立后，在国家统一管理下，颁布了系列学科制度，大学原有的学科生态被人为破坏。在高等教育领域，我国学习苏联高等教育理念，综合性的学科生态发展特点被迫废除，开始推崇专业化明显的学科生态发展方式。在学科制度文化方面，在《全国工学院调整方案》《1952年全国院系调整方案》的指导下，我国开始进行涉及全国高等院校的学科结构调整，学科发展模式向苏联大学看齐。院系调整在当时取得了较为显著的效果，为我国培养了大批工科人才，但人为破坏了大学已经形成的学科生态，制定的学科制度也在一定程度上存在错位、失位和越位现象。清华大学根据国家要求，改变通才教育理念，结合工业部门的实际需要设立专业，参考苏联的教育制度，实行学年制。

改革开放后，教育领域也开始进行恢复调整，学科生态迎来发展和调整的黄金阶段，学科制度在适应社会需求的同时，更加注重学科发展实际。在1985年《中共中央关于教育体制改革的决定》的指导下，清华大学不断完善学科生态，积极拓宽学科门类，在工科优势的引领下，开始有针对性地加强重点学科、前沿学科和交叉学科的建设，追求学科生态的多元化、层次化发展。在"211工程""985工程"的引领下，清华大学基本形成了综合性的学科生态发展布局，学科门类逐渐丰富。"双一流"建设中，清华大学发布《清华大学一流大学建设方案》，将学校学科凝练为4个学科发展领域，通过学科分类发展来进行学科生态的优化调整与科学配置，在突出工科发展优势上，致力于挖掘其他学科发展潜力，逐步完善学科生态发展路径。

（三）学科资金来源由庚款办学逐渐多元化

清华学堂时期，学科资金主要来源于美国退回的庚款。清华学堂与清末办学潮中的大学有本质不同，既不属于公立大学，也不属于私立大学和教会大学，其产生与美国庚子赔款有巨大关联，是高等教育历史上一所较为特殊的学校类型。清朝末年，美国为了加强西方文化在中国的影响力，以利于其更好地控制与进一步侵略中国，因此同意将部分庚子赔款退还给中国，1908年收到退回的第一笔庚款 1078 万美元，1924 年收到退回的第二笔庚款1254.54 万美元。① 美国退还的庚款为清华大学奠定了学科发展的物质基础，在国内军阀混战、时局动荡不安之际，清华大学有了较为稳定的资金支持。

1928 年国立清华大学成立，学校办学主权由外交部移归到国民政府教育部，这一时期办学资金主要来源于国民政府财政拨款。国立清华大学成立后，清华完成了从留美预备学堂到国家真正意义上大学的转变，为清华大学追求学术独立和学科生态发展奠定了制度基础。另外，不同学科文化的差异在资金分配上也不相同，由于理工学科的学科知识特性，其学科研究中所需要的费用较大，且在国民政府重视实科的背景下，学科资金多用于理工学科，因此理工学科发展势头较为强劲，发展速度较快，在学科生态中占据重要位置。比如，罗家伦校长主张减少行政费用，增加教育研究费用；梅贻琦校长主持建设水利试验、化学、生物等场馆，并引进先进实验设备，为理工学科提供了发展基础，使其在大学学科生态中的地位迅速上升。

新中国成立后，国家大力进行工业化建设，在制度文化规定上实行单一专门化教育，并布局发展工程学科为经济建设助力，清华大学作为以工科为主的单一性大学，在获得学科资金支持上具备一定优势，此时的资金来源主要以国家财政拨款为主，经费来源渠道较为单一。此时的清华大学学科资金主要用于工科建设，形成了单一工科强势发展的学科生态环境，使其成为我国"红色工程师的摇篮"，通过这一阶段的学科发展积累，使工科成为目前清华大学学科生态中规模最大、最具优势的学科领域。

改革开放后市场经济发展，学科在获取国家财政拨款的基础上，积极拓宽资金来源渠道。在改革开放的社会文化背景下，学科主动服务国家建设和

---

① 陈强 . 美国庚款退还对中国近代教育发展的影响研究 ［D］. 长春：吉林大学，2019：35.

社会发展，通过承担科研基金项目以及校企合作推进科技成果转化，用于获取或自我创造更多的学科资源。另外，由于学科文化的不同，不同学科科技成果转化所需的时间跨度也不相同，自然学科较人文社会学科来说相对较容易进行成果转化，因此自然学科更容易获取学科资源，在学科生态中占据有利位置。清华大学享有"红色工程师的摇篮"的美誉，工科是其学科结构中规模最大且优势最为突出的学科，在获取资源上占据优势。在科技成果转化上，成立清华科技园以及清华控股有限公司，通过校企合作，推动科学研究成果的实际转化，在服务社会的同时为清华大学进一步发展提供科研基金。

目前，清华大学建立了完善的资源筹集和配置机制，通过学科资源合理配置优化学科生态发展。在学科生态中，不同学科的经费来源是多样化的，其中包括院系学科建设经费、学校重点学科建设经费、学校公共教学平台费、学校公共科研平台费等多种经费来源方式，学科所获资源的多少与其学科特质有关，在重点发展阶段，比如，清华大学在 20 世纪 90 年代重点发展生命科学时，由于生命科学起点高，并且和积累性的学科发展不同，需要配备先进的设备以及强大的学者团队，因此这一阶段对生命科学的投入较多。总的来说，学科资源投入不是以公平为首要考虑的环节，学校在资源配置中对各学科并不是均分的，因此在学科生态中处于弱势地位的学科在获取资源投入时，要加强创新性，实现重点突破，全面提升学科在学科生态中的影响力和显示度。

（四）学科交流网络更加广泛化、交叉化和国际化

清华学堂初期作为留美预备学堂，仿照美国的学科设置和课程内容，虽未形成独立的学术体系，但在美国自由主义教育模式的影响下，学校组织的各种学术活动较多。清华学堂建立初期，在大学文化和学科文化上都强调开展通才教育，鼓励学生多方面发展，因此在学术期刊的举办上，有关的杂志、日报、社论等类型的期刊较多，以学科为分类进行学术交流的期刊较少。在学校活动方面，在丰富多彩的校园文化的影响下清华开展了多种形式的学术演讲，涉及政治、经济、教育等多方面内容，极大地促进了校园文化氛围的形成。

清华自学系制度建立后，在西方分科教学的学科制度文化的引领下，学

术交流开始逐渐专门化、组织化。伴随着学科分科的发展，学科专业化程度不断增加，相继开办了一批较为专业的学术刊物和学会组织，为学科生态中不同学科交流提供了渠道和空间，如《气象季刊》《清华大学学报》《理科报告》等，也成立了一批按照学科划分的学术团体，如历史学会、经济学会、工程学会等。在学科的物质和精神文化上，1928 年罗家伦任校长后对学科交流进行资源和制度上的支持，学科发展文化氛围较好，学术团体相继成立，比如，哲学学会、生物学会、物理学会等。据资料统计，至 1931 年大约共有 20 个社团活跃在清华园内，① 从 1912 年至 1948 年清华大学共创办 85 种期刊。② 这些学会组织、社团、学术刊物的相继成立使学科交流更加活跃，促进了清华大学多元化学科生态的形成，至新中国成立前共涵盖文、理、法、工、农五大学科领域。

改革开放以来，清华大学学术交流迎来新的发展时期，学科交流更加精确、集中并逐步形成特色。在大学精神文化方面，高考制度的恢复和高等教育领域的"拨乱反正"，使"文革"以来受到压制的思想文化得以解放，各种文体活动和社团组织兴起，"读书热""成才热"风靡大学校园，校园文化十分活跃。③ 在学术期刊专业化发展上，1986 年为方便学术交流，根据学科分类，将《清华大学学报》分为哲学社会科学和自然科学两种版本；1996 年为推动学科交流面向国际化，出版《清华大学学报自然科学版（英文版）》。21 世纪技术革新推动社会进步，提供学术资源交流共享的网络期刊和数据库相继成立，学术交流也朝着技术化、数字化、网络化的方向发展。④ 清华大学为激发学生的研究兴趣，通过数字校园建设加速网络信息资源共享，作为知识交流中心的图书馆也向数字化方向发展，目前清华大学主要通过清华论坛、

① 徐亚玲. 分科时代的通才教育——以清华大学为考察中心（1925—1937）［M］. 南京：南京大学出版社，2017：175.

② 姚远，王强，郭晓亮，刘小燕，颜帅. 清华大学学术期刊简史（1912—2015）［J］. 科技与出版，2015（11）：22-36.

③ 眭依凡，俞婷婕，李鹏虎. 大学文化发展和建设历程研究——基于改革开放 30 年来的发展脉络［J］. 中国高教研究，2015（10）：7-15.

④ 李海燕. 我国期刊数字化发展历程探究［J］. 内蒙古师范大学学报（自然科学汉文版），2018，47（5）：454-457.

国际会议和学术期刊等多元化的学科交流网络来促进学科生态良性发展。

三、学科人生态

在学科人生态上，完善党委领导、校长负责、教授治学的学校治理结构，并不断加强和规范研究团队建设，以科研项目和学科群建设为主体，加强人才队伍建设，通过在各学科领域、学科群中汇聚优秀名师形成各具特色的学者团队。

（一）学者的选拔方式及职权范围逐步明确

清华学堂成立初期，随着军阀混战的不断，清华校长不断变换，人事波动较大，但此时校长权力较大。在社会文化方面，在清华学堂建立之初，由外交部对清华学堂进行管理，但由于这一时期国家动荡，外交部事务较多且烦琐，因此没有多余精力对清华学堂进行管理，故这一时期校长的个人权力较大。其中，周诒春校长对清华学堂的影响最大，他率先提出要将清华学堂办成一所我国自己的大学，并提出"完全人格教育理念"，为清华学堂良好学术风气的形成奠定基础。

在国民政府时期，国内外形势动荡不安，政府无暇顾及高等教育发展，高等教育处于比较宽松的政治氛围中，这一阶段大学校长发挥的作用较大。这一时期校长的办学理念、治校方式对大学学科生态有着关键影响，另外校长个人的文化素养、人格魅力，也对学科生态有着重要的价值。① 在社会制度文化方面，国民政府 1929 年颁布《大学组织法》，开始以法律形式对大学校长、选拔、任用进行规定，但对任职期限、考核方式没有明确规定，这一时期大学校长的任期普遍较长。1931 年梅贻琦执掌清华大学后，清华大学的发展逐渐步入正轨，梅贻琦也是清华大学历史上在位时间最长的校长，在其治校的 17 年间创立了清华大学工科，并坚持"教授治校"管理体制，他认为学校作为学术机关，应该由学者来指导，以保证学术自由。梅贻琦还十分强调师资的重要性，认为学者是一所大学的核心和灵魂，在这一思想的引领下广

---

① 王丽娟. 民国国立大学学科价值取向流变研究（1912—1936）［M］. 北京：中国社会科学出版社，2018：208.

泛引进名师，极大地丰富了清华大学的师资队伍，为学科生态的发展奠定了人才基础。梅贻琦校长的一系列治学主张，为清华大学提供了自由、宽松的学术环境，为后续学科生态发展打下了良好的基础，在他的领导下清华大学逐渐形成了文、理、法、工、农的学科生态发展布局。

新中国成立后，大学校长的权力相对缩小。我国大学开始在中国共产党的领导下办学，并学习苏联计划经济下的高等教育体制，根据社会主义经济建设的需要，在国家调控下进行学科的设置与调整，这一过程中大学校长的权力相对较小。1952 年至 1966 年，蒋南翔任清华大学校长，面对社会主义工业化对人才培养的要求，大学校长首先要保证教育计划的顺利完成，但接连受到大跃进、人民公社等政治活动的影响，校长的职权以及治校方略受行政权力的制约较大。蒋南翔在执掌清华大学时期，虽然职权受到一定限制，但也取得了极大的成果，在其独特的办学眼光下，奠定了清华大学作为理工科，特别是以工科为主的大学基础。另外，充分肯定基础学科的作用，在院系调整时坚持在文理科调出的同时，将图书资源保留在清华大学，并且用工程物理、工程化学、工程数学等方式保留下基础学科的种子，因此在改革开放后，工程物理、工程化学、工程数学等很快衍生出物理、数学、化学等基础学科。上述一系列做法充分体现出校长在学科生态发展中的重要作用，受社会制度文化影响，在一定情况下大学校长虽然不能左右学科建撤，但领导者的视野以及在关键时刻的决策对学科生态发展至关重要。

改革开放后，国家放宽高校的办学自主权，大学校长的自主权和选择空间也随之扩大。在社会制度文化方面，大学管理更加规范，针对校长选拔、任免、任期、职权等有明确的规章制度，1980 年在《关于加强高等学校领导班子建设的意见》中指出，高校领导要打破终身制的任职方式，提出实行任期制，还要对领导干部的选拔、任命方式进行改革、创新，提倡多方民主参与。① 党的十三大后，关于高等学校校长的选拔和任用更加规范化、法制化，并为了进一步缓解计划经济体制下对高等教育严格控制的消极影响，开始对高等教育放权，下放高校领导干部任免权限。1987 年，在《高等学校校长任

---

① 陈艳. 中国大学校长选拔任用制度改革研究［D］. 扬州：扬州大学，2011：56.

期制试行办法》中，对高校中校长的设置数量、任免程序、任职期限、考核范围等进行明确规定。21 世纪以来，随着社会主义法制化建设的逐步深化，高等学校校长的选拔任用也走上法制化道路，干部选拔更加科学规范，也更加民主。

（二）学者团队逐渐形成且水平不断优化

清华学堂建立初期，在留美预备学堂的历史背景下，还未形成独立的学者团队。留美预备学堂时期主要学习美国的教学模式，教学内容主要以自然科学知识为主，教师大多来自美国，在初期国外教师占总教师人数的三分之一，但由于条件限制，学生的学习程度普遍较浅，具备一定规模的学术体系和学者团队还没有形成。

随着清华学堂向大学的过渡，学系制度逐渐建立，学科知识向专门化发展，在此背景下专业化的学者队伍也随之发展起来。在社会文化方面，受"五四爱国运动"影响，追求教育主权和教育独立，因此清华学堂开始向大学过渡。在学科文化上，随着学科分类发展的学科制度的建立，学科知识更加专门化，在此背景下专业化的学者队伍随之发展起来。另外，在大学文化方面，随着清华大学向综合性大学的转变，这一时期大学文化主要体现为中西兼备、融会贯通、追求学术独立，而且办学水平的不断提升要求清华大学引进师资，充实教师队伍，因此罗家伦校长掌校后把引进师资作为首要工作目标，并且支持成立各科研究院，为学者提供研究场所。梅贻琦校长执掌清华大学后也非常重视师资队伍建设，吸收了许多具有极大声望的名师，不断扩充教师资源，逐步形成高水平的学者团队，比如，文学方面朱自清、闻一多；史学方面陈寅恪；哲学方面金岳霖、冯友兰；理学方面萨本栋、周培源等，他们为中国文学史、中国历史、哲学、理学等方面的发展做出了突出贡献。另外，梅贻琦校长强调提高教授的地位，肯定"教授治校"理念，学术独立和学术自由得以强化，使得清华大学迅速成为全国学术研究中心之一。1937年抗战开始后，在西南联大时期更加重视选拔优秀人才，而且重视教师的实际能力，不以学历作为选拔教师的门槛，汇集了许多优秀教师，也因此形成了西南联大时期各学术流派"百家争鸣"的景象，有利于学科生态的繁荣发展。

新中国成立后，在国家制度调整下已经初步形成的学者团队被分别调出。根据社会经济和国家发展需要进行了全国范围的院系大调整，清华大学师资被大量外调，造成原有的学术团体和学科生态破裂。蒋南翔校长曾说院系调整对于清华大学而言是一次"腹泻"，尤其是理学院的调出，使清华大学学科生态缺乏基础理论的巩固和支撑，在一定程度上限制了清华大学学科生态的良性发展。

改革开放后，对外交流与开放的格局逐渐扩大，清华大学注重加强师资队伍建设，尤其是近年来通过学者团队建设来推动学科发展和学科生态形成。清华大学在学科生态发展中凝练了 4 个学科领域、20 个学科群，每一学科群汇聚了优秀名师，形成了各具特色的学者团队。目前，清华大学在重大科研项目和应用研究中以研究所为载体、以研究系列为主体进行科研团队建设，并发挥院士、专家在学科建设中的引领作用。在具有潜质青年教师的引进与培养上，健全青年教师激励机制，特别是研究员机制，并通过"青年教师优秀教学奖""人才引进计划"扩充教师队伍，关注青年教师的选拔、培养，为学术科研团体注入新鲜血液。

第三节　华东师范大学学科生态的生成与治理

华东师范大学初期以文理基础学科为主，随着学科的逐步发展完善，目前学科生态已经突破文理两大学科领域，成为涵盖文、理、工、经、管等学科知识结构的师范类院校。以华东师范大学为案例进行学科生态发展研究，对相同类型大学学科、生态发展具有一定的借鉴意义。

一、学科知识生态

在学科知识生态上，华东师范大学学科知识生态涵盖了文学、理学、法学、哲学、历史学、教育学、经济学、工学等学科门类，其中文理基础学科和教育学科涵盖范围较广，是学科知识结构的重要组成部分。在教育部第四轮学科评估中，华东师范大学有 12 个学科进入 A 类学科行列，主要分布在文学、理学、教育学等学科门类中。2019 年，在 ESI 全球排名中，华东师范大学有 12 个学科进入全球前 1%。在华东师范大学世界一流大学建设方案中，提出要以教育科学和地球科学为引领建立学科群，并且将统计学、软件工程、数学、中国语言文学等学科作为学校发展的特色学科，并强调围绕教育、智能、健康等领域进行应用性研究，通过合理规划、重点建设带动学科生态总体发展。

（一）学科知识结构由文理学科演化至在优势学科引领下的多学科综合发展

华东师范大学建校至改革开放前期，学科知识结构主要以文理基础学科为主，1956 年，理科得以不断壮大，发展相对较快。在社会文化方面，新中国成立后，我国全面仿照苏联模式进行国家恢复重建工作，同时随着马克思主义思想的不断发展，从民国初年初步引入我国，至新中国成立后发展成为我国思想文化的主流，这也为我国能够全方位效仿苏联提供了文化空间。① 在大学文化方面，国家开始对民国时期发展的、已初具规模的高等教育进行调整，通过国家接管的方式逐步实现对高等教育的领导与控制，改变高等教育脱离实际的状况，要求高等教育要为国家建设服务，尤其是为经济建设服务。在师范教育领域，民国时期初步成形的师范教育体系在战争影响下遭到破坏，在学科设置、学校地域分布上不尽合理。据资料统计，在 1949 年以前我国总共才有 12 所独立设置的高等师范院校，其中师范教师的总体素质和师范专业人才培养的质量不能满足新中国建设的需要。② 1950 年，毛泽东在《人民教育》创刊号题词"恢复和发展人民教育是当前重要任务之一"，突出强调教育的关键作用。③ 因此，教育部以大夏大学和光华大学为基础成立华东师范大学，设置文、理、教育学科，重点培养各级各类学校所需的专门教师。随后，国家在苏联专才教育模式的影响下，以培养工业建设人才和专门教师为指导方针，开始对高等教育进行大范围调整。在这次院系调整中，华东师范大学

① 茹宁. 中国大学百年模式转换与文化冲突 [M]. 北京：知识产权出版社，2012：217.
② 霍东娇. 中国百年师范教育制度变迁研究 [D]. 长春：东北师范大学，2018：48.
③ 袁运开，王铁仙. 华东师范大学校史（1951—2001）[M]. 上海：华东师范大学出版社，2001：1.

作为专门师范院校，通过合并、调整并入一批文科、理科和教育学科，学科规模得以进一步充实，奠定了学科发展基础。这次院系调整具有一定的时代合理性，通过发展专门师范院校，华东师范大学的学科实力增强，很大程度上满足了师范教育人才培养数量及类型的要求。

从具体学科发展来看，这一时期的学科文化主要表现为学科人才培养的专门化、职业化和单一化，学科建设主要为了培养社会所需的师范教育人才。在学科设置上，经院系调整后共设置 10 个学系，分别有生物、数学、地理、化学和物理等理科门类下的学科；有历史、外文和中文等文科门类下的学科；以及教育学科和艺术学科。另外，在国家大力推进马克思主义教育的影响下，加强了社会发展史、新民主主义论、政治经济学、马列主义基础等政治理论课程学习。① 经过新中国成立初期高等教育的恢复调整，1956 年我国提出"百花齐放、百家争鸣"的方针，促进高等教育向新的阶段发展。② 周恩来总理也提出"向现代科学进军"的口号，这极大地促进了科学研究的开展，特别是原子能、计算机、自动化等学科得以发展。因此，在国家大力发展重工业的社会文化背景下，华东师范大学为适应国家发展要求，从 1958 年起调整学科生态发展布局，兴建一批理科专业和研究室，大力促进理科发展。

1978 年改革开放后，华东师范大学学科生态突破文理两大学科领域，初步形成涵盖教育学、文学、理学、管理学等学科知识结构的多科性学科生态。在社会文化上，党的十一届三中全会以后，社会主义市场经济的确立和改革开放政策的实施，中国重回国际舞台，不仅在经济上加快与世界经济市场的融合，也把中国文化推向了与世界文化融合的浪潮中，我国迎来了新一轮西方文化思潮的冲击，并开始展开对中国落后与挫折的总结思考，但这一时期社会文化不是盲目学习和借鉴西方，而是秉持更加理性的态度，注重与我国发展实际结合。③ 随着国际化程度的加深，西方学术思想不断引进，在一定程度上促进了心理学、社会学、文化学、人口学和美学的兴起。在社会制度文

① 袁运开，王铁仙. 华东师范大学校史（1951—2001）[M]. 上海：华东师范大学出版社，2001：24.
② 高奇. 中国高等教育思想史 [M]. 北京：人民教育出版社，2001：370.
③ 刘登阁，周云芳. 西学东渐与东学西渐 [M]. 北京：中国社会科学出版社，2000：168.

化方面，1985 年在《中共中央关于教育体制改革的决定》中提出要加快转变高等教育领域学科结构不均衡的情况，支持管理学科、政法学科、经济学科等发展基础较为薄弱学科的建设，同时也要为边缘学科和新兴学科的发展助力。① 在大学文化方面，开放的社会环境为学科生态发展提供了宽松氛围，华东师范大学不再局限于师范教师的培养，明确提出师范性和学术性相结合的办学方针，开始对学科知识结构进行调整，建立了一批与社会发展密切相关的学科专业，如图书馆学、计算机科学、心理学、经济学和体育学等，使学科生态更加丰富，共涵盖文学、理学、法学、哲学、历史学、教育学、经济学、工学 8 大学科门类。虽然学科的知识结构逐步完善，但学科的生态发展比较单薄，学科层次单一，工学只有计算机科学与技术、电子科学与技术 2 个一级学科，另外传统文理基础学科交叉渗透不明显。

20 世纪 90 年代后，华东师范大学学科知识结构不断扩充。在社会文化方面，随着知识经济时代的到来，全球化和信息化要求大学要为社会培养复合型、创新型人才。在大学文化方面，随着国家开放程度的加深以及对高等教育的放权，社会对高等教育应有的职能有了新的理解，各大学也在中西方文化交流的过程中学习西方大学的育人理念，更为关注高等教育本身，关注知识传承与文化创新，大学的育人、科研和服务功能增强，大学文化表现出明显的创新化、多元化和国家化特征。在学科发展上，随着专业化教育弊端的凸显，各学科也在朝着综合化、交叉化的方向发展。华东师范大学通过资源整合建立了环境与资源、外语、人文、理工等一批学院，学科知识结构进一步得到扩充。②

21 世纪后，我国高等教育处于赶超发展阶段，伴随着社会问题的复杂性，华东师范大学致力于学科交叉融合发展。比如，在有优势的基础学科领域调整了重点突破方向，围绕健康领域从美国引进生物医学团队，推动传统生物学向生物技术领域延伸；围绕认知科学领域，加强脑科学、生命科学、心理

① 张晓玲，李庆丰，王晶. 改革开放以来高等学校学科建设的发展阶段及其特点分析 [J]. 学位与研究生教育，2009 (7)：49-55.
② 袁运开，王铁仙. 华东师范大学校史（1951—2001）[M]. 上海：华东师范大学出版社，2001：232.

学、教育科学、核磁共振技术的结合；围绕生态学领域推动地理学、环境科学、河口海岸学的整合；围绕先进制造领域成立信息科学学院；围绕数字技术领域，加强软件学院与其他学科的合作。① 这些举措既发挥了学科生态中传统优势学科的核心作用，也有利于打破学科之间的界限，在学科生态发展布局上注重联系地区发展实际，实现学科与产业发展的紧密对接，在人文学科领域也通过多科性研究所和研究中心的建立做有关学科交叉发展的尝试。

"双一流"建设实施以来，华东师范大学紧抓学科生态发展契机，在学科资源有限的情况下，强调发挥优势学科的中心带动作用。在一流大学建设方案中指出要以地球科学和教育科学为主，并且将统计学、软件工程、数学、中国语言文学等学科作为学校发展特色，通过合理规划、重点建设来带动学科生态总体发展。在教育部第四轮学科评估中，华东师范大学有 12 个学科进入 A 类学科行列，主要分布在文学、理学、教育学等学科门类中。

（二）学科研究方向随社会经济的发展向应用性转变

华东师范大学建立初期，学科研究在加强基础研究的同时注重实用性。新中国成立后，百废待兴，要求高等教育为国家建设服务，追求实用是这一时期高等教育的重要特征，学科研究在加强基础研究的同时注重实用性。在高等教育领域，国家需要培养大量师资队伍来满足教育事业发展的需要，华东师范大学根据中小学教学需要设置文理学科，进行基础理论教学，学科研究主要围绕中小学教育教学中的实际问题开展，并且基于当时中学迫切需要师资的情况，大规模举办专修班。这一阶段学科研究的问题较为基础，但都和社会需求直接相关，一定程度上体现了学科研究方向的实用性。

随着社会主义建设进程的加快，国家提出了"向科学进军"的号召，在这一社会文化背景下，学科研究的实用性进一步凸显。华东师范大学结合国家建设的相关研究课题进行科学研究，另外随着社会问题的复杂化，以及新中国成立后国家对经济、政治、社会和人口等问题的较高关注，与之相关的学科研究也明显增加，学校也成立了人口地理研究室、河口研究室等进行专

---

① 宣勇，郝清杰. 回望 [M]. 北京：商务印书馆，2020：144-145.

门研究，在农业生产方面，通过加强农业科学技术研究为农业发展服务。① 这一时期在社会专才文化的影响下，学科主要培养能为国家建设服务的实用性人才，学科发展与生产相结合，在校内外建立生产劳动基地，便于实地开展研究与为生产服务。

改革开放后，在开放多元的社会文化影响下，结合市场经济发展的需要，学科研究加强应用性。受市场化和全球化的影响，学科研究着眼于前沿科学问题，在注重基础研究的同时加强应用性。华东师范大学抓住机遇完成了向综合性师范大学的过渡，在学科生态发展上增加了应用学科，为人才培养和科学研究提供了基础和应用综合的学科生态环境。针对师范教育领域的实际问题，学校通过设立研究机构进行应用研究，如现代教育技术研究所和教学法研究所等，也鼓励研究机构积极承担教学调查课题。在科技成果转化方面，华东师范大学关注学科发展和社会之间的联系，积极参与科技产业开发，从1984 年开始相继成立科技开发公司、上海教育软件公司、大夏贸易实业有限公司等，促进学科研究向应用性方向发展，发挥高等教育服务社会的作用。②

随着新能源、新材料等新兴应用性学科专业的发展以及社会问题的复杂化，跨学科研究逐渐成为热点，跨学科研究中心陆续成立。2018 年，华东师范大学组建全国首个"脑科学与教育创新研究院"，打造由教育学、脑科学、心理学、神经科学、计算机科学、统计学等组成的跨学科团队，促进学科研究的综合化发展。③ 为促进跨学科发展，2019 年教育部开展"六卓越一拔尖"计划 2.0，其中提到要全面推进新文科建设。华东师范大学校长钱旭红强调，在学校新文科建设中要重点关注大数据治理、智能教育、数字人文等学科领域，也形成了新的研究方向，如智能教育、量子思维和音乐画等，通过学科

① 袁运开，王铁仙. 华东师范大学校史（1951—2001）[M]. 上海：华东师范大学出版社，2001：61-68.
② 袁运开，王铁仙. 华东师范大学校史（1951—2001）[M]. 上海：华东师范大学出版社，2001：213.
③ 华东师范大学新闻中心. 把握"双一流"建设契机 推动新时代教育创新发展 [EB/OL]. （2020-12-22）[2021-03-08]. https://news.ecnu.edu.cn/01/e8/c1835a262632/page.htm.

合作调整形成新的交叉学科，努力实现文科教育范式的转变。①

（三）学科研究方法之间借鉴融合趋势加强

20 世纪 50 年代，社会科学和自然科学的研究方法相互学习和渗透的特征明显。自然科学中的数学模型、统计分析等方法为社会科学研究提供了更多的研究方法和思路，社会科学中的定性分析、历史分析等方法也开始被自然科学所关注。在社会科学方面，社会问题的逐渐复杂化，加之科学研究的实际需要，人文社会科学领域的研究方法向自然学科靠近，开始了学习和借鉴自然科学中定量研究方法的潮流，并使之在人文社会科学研究中逐渐普遍化，但随着对定量研究方法的大量运用，也时常会陷入以定量研究为主的怪圈。②

20 世纪 70 年代，学科研究方法之间借鉴融合趋势明显加强，更加注重结合学科自身发展需要对学科研究方法进行调整。在人文社会科学领域中开始展开对定量研究方法的理性思考，学者开始认识到过度使用定量研究的弊端，开始重新重视定性研究方法的使用。华东师范大学的社会学科在进行研究中也根据实际需要合理应用定量研究方法，比如，通过调查访谈对人口问题进行研究，以及采用调查测评问卷、教育数据统计与数据分析处理软件相结合的方法对全国中小学教育教学现状进行分析。在人文学科方面，受学科特性影响，人文学科研究主要为了增进人们对世界的理解和认识，研究中多通过哲学思辨、文献研究等方式进行。华东师范大学初期通过院校调整合并，其图书资源迅速增加，另外中文、历史等文科基地的建设，也为人文学科研究提供了条件。在自然科学方面，自然科学的研究方法对人文社会科学产生重要影响，为其提供了新的研究思路与方法，同时自然科学也逐渐借鉴人文社会科学的价值中立、经济效益理论，开始运用定性分析、历史分析、调查研究等研究方法。③ 21 世纪，学科不断分化与综合的趋势明显，跨学科研究逐

---

① 华东师范大学新闻中心．钱旭红：推动新文科发展培养具有卓越思维的人［EB/OL］．(2021-02-20)［2021-03-08］．https：//news．ecnu．edu．cn/04/e0/c1850a263392/page．htm．

② 邱忠霞，胡伟．我国社会科学定量研究方法问题的反思［J］．学术论坛，2016，39(11)：142-148．

③ 贾杲，武斌．我国自然科学与社会科学研究方法渗透的分析［J］．成都大学学报（自然科学版），1993(1)：6-10．

渐兴起与发展，不同学科的研究方法也逐渐统一，文理、理工之间的跨学科不仅仅是学科知识体系的交叉，也是学科研究方法的交流和互鉴。

二、学科组织生态

在学科组织生态上，华东师范大学在学科组织形式上加强创新，开展学部制、大部制和书院制改革，形成了较为完善的学科组织体系，目前共有 4 个学部、30 个学院和 4 个书院，形成了较为完整的学科管理体制，在学科发展规划上相继出台了学科发展"十二五"规划、"十三五"规划等，并建立理事会、学位评定委员会、学术委员会等为学科发展提供制度保障。另外，加大力度促进科研成果实际转化，为学科进一步发展提供科研基金。并通过学报、学术会议、中外交流合作项目、大夏学术网、华东师范大学学报期刊网等方式，积极促进文科、理科、工科等不同学科之间的交叉融合，在学科组织之间，推动学院、学科、研究机构之间融合发展。

（一）学科组织形式由"系—教研室"发展为"校—院—系"三级管理模式

20 世纪 50 年代，在全面学习苏联学科制度文化影响下，以"学系"作为学科的组织形式，并且学习苏联教研室制度。在这一模式下，我国大学一改原有的系科，仿照苏联高校专业目录并结合国家建设需要设置学科专业，改变了之前大学只设系科不设专业的传统。① 华东师范大学成立初期，经过院系调整按照分科专业教学模式设置 10 个系，在国家提升国民素质的推动下，还举办了 9 个专修科用于满足中学迫切需要师资的需求，并设立教研组和教学小组。另外，为推进科学研究，1952 年成立研究部开展研究生教育。1957 年教育部批准设立人口地理研究室和河口研究室，也相继建立电子学、原子物理、固体物理等一批专业研究室，逐渐提高学科研究的水平和层次。②

改革开放后，随着国家对高等教育管理权限的放宽，学校对其办学方向和学科发展进行重新规划，扩展学科生态发展布局，注重学术研究和师范教

① 霍东娇. 中国百年师范教育制度变迁研究 ［D］. 长春：东北师范大学，2018：178.
② 华东师范大学校长办公室. 华东师范大学 ［M］. 杭州：浙江大学出版社，2000：10.

育的有机统一，华东师范大学作为师范类院校，学科设置门类集中，学科组织形式仍采用校—系两级管理模式。为提高学科研究水平，从 1978 年开始加快研究所和研究室的建设步伐，相继建立了脑功能研究室、有机合成研究所、环境科学研究所等研究机构。① 为了给学科发展提供良好的制度环境，学校通过设立教学委员会、学位评定委员会和学术委员会等组织机构，从组织层面保证学科发展以及科学研究的开展。

改革开放后，随着学科制度文化的逐渐深化以及学科生态的发展扩大，华东师范大学从 1993 年开始实施校—院—系三级管理体制。1993 年，在学校《关于筹建学院的决议》中提到要以学科作为发展基础，开展学院制建设，通过合并整合建立了相关学院，并且根据相关学科的集群发展特征，逐步探索学部建设，相继成立经济与管理学、教育学、地球科学等学部，学院、学部和学科群的成立为学科生态发展提供了组织保障。在学科迅速发展的同时，我国高等教育难以走出苏联高等教育模式的影响，致使高校内部学科专业设置越来越多，且专业设置细化的问题越来越明显。

创新学科组织形式，探索开展学部制、大部制和书院制改革。2017 年，华东师范大学一流大学建设方案出台，其中提出学校要开展学部制、大部制和书院制改革，创新学科组织形式，在组织形式上为新一轮学科生态发展提供空间和动力，目前华东师范大学共有 4 个学部、30 个学院和 4 个书院。另外，跨学科组织的设立是学科生态发展的有益尝试，近年来习近平总书记突出强调要办中国特色的社会主义大学，我国高校开始探索立足中国又面向世界的高等教育发展之路，并大力推进学科交叉、国际化和信息化发展，为大学学科生态发展提供了良好的社会文化环境，促进学科的内涵式发展和深度交叉融合。华东师范大学顺应学科发展趋势，建立了一批跨学科研究中心和综合性实验室，并实施学科集群化发展战略，依托优势学科推动学科交叉融合，培养新的学科增长点。

（二）学科制度逐渐规范化

新中国成立后，在苏联学科制度文化的影响下，我国开始进行学科专业

---

① 袁运开，王铁仙. 华东师范大学校史（1951—2001）［M］. 上海：华东师范大学出版社，2001：163.

化发展调整，颁布相关制度文件。面对西方资本主义的打压和威胁，中国不得不寻求以苏联为首的社会主义阵营的帮助，奠定了全面学习苏联模式的政治基础。在苏联高等教育模式的引导下，我国开始进行学科调整，形成文理综合性大学、多科性工业大学和单科性专门学院的高等教育布局，华东师范大学在此次院系调整中的定位是以文理学科为主的师范院校，这也奠定了后期学科生态发展的基础。1953 年，在《关于修订高等学校领导关系的决定》中规定政府对我国高校进行直接领导。① 在单一化国家办学体制下，高校在学科生态发展中的话语权较小，需要根据社会需求，在国家指令下进行学科专业设置，强调学科专业种类与行业发展相对应。在国家方针的指导下，华东师范大学颁布《教学改革工作计划试行草案》，不断调整、充实各科课程，将学科研究与国家建设实际结合起来，加强人才培养的计划性。②

改革开放后，在社会经济迅速发展的良好社会背景下，重新学习西方的学科制度，加之国家对高等教育发展的制度扶持，学科制度逐渐完善。改革开放后，国家逐渐放宽对高等教育的限制，华东师范大学开始调整学校管理体制，成立学术委员会，保障学校学术工作的顺利开展。1998 年，《中华人民共和国高等教育法》赋予了高校依法自主设置和调整学科、专业的权力，高校可以根据实际情况对本校的学科进行调整，华东师范大学学科生态发展开始多样化，一级学科和二级学科增多。21 世纪，学科迎来了快速发展期，不仅有国家宏观政策的支持，而且上海市政府也逐渐成为推动其学科建设的重要助力——出台了相关扶持政策以及学科建设计划，为华东师范大学的重点学科和优势学科提供了政策和资源上的支持。

（三）学科资金来源逐渐多元化

从新中国成立到改革开放前期，华东师范大学的学科资金主要来源于国家教育财政拨款。国家财政拨款是高等教育资金的主要来源，且资源配置数量和资源配置方式也具有高度行政化，往往由上级行政部门决定。因此，在国家财政资源有限的情况下，根据国家建设的现实需要，不同类型的高校在

---

① 霍东娇. 中国百年师范教育制度变迁研究 [D]. 长春：东北师范大学，2018：175.
② 袁运开，王铁仙. 华东师范大学校史（1951—2001）[M]. 上海：华东师范大学出版社，2001：23.

资源获取上存在较大差异，由于国家重工业建设需要大量工业人才，在资源分配时较多倾向于工业院校，师范院校在获取国家财政资源中处于较为劣势的地位。受市场需求以及科技成果转化能力的影响，高校对不同学科在学科资源分配和管理方式上也存在差别，比如，理科在开展学术研究时对仪器设备有着必然要求，因此高校在推进理科发展中需要投入较多的学科资金。从1958 年起，华东师范大学为促进理科发展，陆续建立原子物理、固体物理、光学、微波电子学等一批专业研究室，增加了大量仪器设备，这一阶段理科发展较快。

改革开放后，华东师范大学的学科资金来源逐渐多元化，不再单纯依赖于教育财政拨款，积极拓展学科资金来源的多元化渠道。在社会文化方面，随着高度集中的计划经济向市场经济的转变，受多元文化思潮以及新自由主义文化的影响，在高校中出现教育市场化和产业化的现象。① 另外，原来单一靠政府拨款的教育财政拨款体制束缚了高等教育发展，不利于高校办学积极性的提高，因此，国家鼓励高校在财政拨款的基础上拓宽资金来源渠道。20世纪 90 年代末，我国基本完成高等教育成本分担制度的变迁，办学资金来源更加多元化。

华东师范大学 1984 年开始推进科研成果的社会转化工作，成立科技开发公司，并不断发展，与各行各业建立良好的合作关系。目前的华东师范大学企业以资产经营公司和出版社为主要板块，截至 2019 年年底共有全资及控股企业 18 家，服务于学校科技成果转化。② 据统计，2007 年高校仅校办产业的各项收入就突破 50 亿元。③ 在校内学科资源分配上，对优势、特色、重点学科进行资金上的大力支持，通过专项资助及一流学科重点资助，加强对教育学、世界史、地理学、统计学、岛屿大气与生态等学科的建设。④

---

① 胡娟. 大学制度论 [M]. 北京：中国人民大学出版社，2015：172.
② 华东师范大学信息公开网. 华东师范大学 2019 年学校企业发展情况 [EB/OL]. (2020-10-13) [2021-03-24]. http：//xxgk. ecnu. edu. cn/2c/0f/c11916a338959/page. htm.
③ 别敦荣. 中国高等教育改革与发展 30 年 [M]. 上海：上海教育出版社，2009：56.
④ 华东师范大学信息公开网. 上海市高峰学科建设成效综述 [EB/OL]. (2020-09-23) [2021-03-24]. http：//xxgk. ecnu. edu. cn/2b/7c/c11857a338812/page. htm.

（四）学科交流网络的数量和质量不断提高

华东师范大学成立初期，通过合并调整并入了原大夏大学和光华大学等校的学科，学科发展较为稳定，其学科交流活动较多。学校 1952 年成立研究部，为教师开展学术交流提供平台，随后相继出版《数学专题讨论集》《淮河的改造》《华东师范大学学报》等学术期刊，进一步拓展了学科交流的范围和深度，在高校和社会上产生了积极的影响。①

改革开放后，学科进入快速发展期，涌现各种学术团体和期刊，促进了学科知识的发展和传播。华东师范大学 1979 年成立高等教育研究会，其作为校内群众性学术研究团体，既营造了浓厚的学术氛围，也为学科交流提供了平台。1980 年，华东师范大学出版社恢复，负责出版全国师范院校文科教材，从 1981 年到 1985 年共出版图书 75 种，还出版了 17 种期刊，这些书刊的出版，促进了学术交流网络的建设。② 在计算机技术的支持下，华东师范大学还开始建设计算机综合管理系统，这在当时国内的高校中处于领先地位。现任华东师范大学校长钱旭红对期刊的学术交流作用给予充分肯定，认为期刊最重要的是建立本学科独具特色的学科认知体系，为文化传承与发展做贡献。③目前，华东师范大学学科交流主要通过学报、学术会议、研究基地、中外交流合作项目等方式开展，并在学校网站上开设大夏学术网、华东师范大学学报期刊网等专题网站，为学术交流提供平台。

三、学科人生态

在学科人生态上，注重学校内部治理能力的提高，通过学校章程相关规定，保障校长管理能力的发挥。还强调以高层次人才培养计划为载体，依托现有的学科基地平台，围绕教育科学和地球科学两大学科群以及国家重点实验室，促进不同学科领域高水平学者团队的快速发展，并注重学科文化氛围

① 袁运开，王铁仙. 华东师范大学校史（1951—2001）［M］. 上海：华东师范大学出版社，2001：32.
② 袁运开，王铁仙. 华东师范大学校史（1951—2001）［M］. 上海：华东师范大学出版社，2001：170.
③ 科信. 钱旭红：更大音量发出中国科技期刊声音［J］. 科技传播，2020，12（20）：2.

的营造，促进学者团队的形成和作用的有效发挥。

（一）学者的职责权力逐渐制度化

新中国成立后，校长的办学自主权受到一定制约。高等教育办学主体经历了从多元化到单一化的过程，政府成为高等教育的唯一办学主体，高等学校处于国家集权管理状态。在 20 世纪 50 年代全国院系调整中，高等教育学科调整与变革在总体上表现为政府在学科发展中起主导作用，经过院系调整的华东师范大学成为培养教师的专门院校，其学校类别、学科专业设置、教学计划、校长任命等都由国家统一规定，校长的作用没能充分发挥。

1978 年后，在改革开放的社会文化背景下，国家放宽对高等教育的限制，大学校长的办学自主权扩大。在开放、宽松的社会文化背景下，高等教育的自主权重新受到关注，在国家制度文化的规定下，大学校长的办学自主权有了一定的扩大。1978 年，刘佛年任华东师范大学校长，主张将教育学科办出特色，在他的带领下进行教育学科的分化调整，拓宽学科规模，以教育系为发展基础，陆续建立比较教育研究所、教育科学研究所、心理学系等教研机构，成立了教育科学学院，初步完成了以教育学科为主的学科生态布局，也奠定了华东师范大学作为师范院校的基础性地位。刘佛年校长通过对欧美国家教育学科发展的考察，认为苏联的高等教育模式已经不适应当前学科综合化发展的趋势，提倡人才培养方式的创新，在全校各系中选取优秀大三学生组成"教育科学专业班"，这种跨学科人才培养方式是对传统人才培养方式的革新，拓宽了教育学科人才培养的思路。①

随着社会主义经济建设的不断发展，国家进一步对高等教育放权，高等教育人事管理制度改革也在向更深层次推进，逐渐走向制度化和规范化。在社会制度文化上，《关于加强高等学校领导班子建设的意见》和《高等学校校长任期制试行办法》颁布，国家对高校领导确立了明确的任职期限以及选拔考核方式，这一系列规定的出台在使校长职权制度化的同时，也在一定程度上限制了校长作用的发挥，尤其是任职期限的缩短不利于其办学理念的实现，

---

① 马慧. 改革开放初期教育学科人才培养的大胆尝试［D］. 上海：华东师范大学，2017：15.

并对校长的治校能力提出了一定的挑战。2006 年，俞中立任华东师范大学校长后，首先对学校的发展目标进行了明确定位，提出要办以教师教育为特色的国际知名高水平研究型大学，为此在学科资源、政策扶持上对教育学科予以倾斜，学科生态调整重点围绕着教育学科展开，并通过国际化和学科交叉融合两条路径推进一流大学建设。另外，在保证教育学科发展的同时，俞中立校长提出建立适应社会经济发展需求的应用学科，使华东师范大学成为一所以师范教育为特色并具备综合性特征的一流大学，为人才培养提供了基础学科和应用学科综合的学科生态环境。①

（二）学者团队逐渐优化

新中国成立后，通过院系合并调整，师资得以扩充。我国高等教育迅速进行全国院系调整，华东师范大学通过院校合并吸收了其他高校的师资，学校的教师数量得以扩充。另外，在国家"双百方针"的指导下，学科精神文化环境较为宽松，科学文化事业进入发展阶段，华东师范大学在教师队伍建设上得以发展。在教师数量上，从具体学科来看，数学、物理、地理、化学等理科各系教师增加较多。在教师培养上，学习苏联教研室模式，成立教学组将相关教师组织起来，规定每位教师都要加入一个教学组，通过这种形式为学科生态发展积累学术力量，这也是学者团队形成的初期阶段。

改革开放后，全国掀起了思想解放的大浪潮，学校开始对师资进行调整。1982 年，在学校《关于加强对青年教师培养的几点意见》中指出，要加强年青一代教师的教育培养，使其成为教育教学的骨干力量，特别是学科领军人物的培养，因此在中青年教师中选拔出一批综合素质强的教师进行专门教育培养。经过这一教师建设计划的实施，各科初步形成了较高水平的教师队伍，其中有教育系的廖世承、曹孚、刘佛年等；历史系的李平心、吴泽、林世岱等；外语系的周煦良、孙大雨、罗玉军等；哲学系的周航、冯契、徐怀启等；化学系的邵家麟、陈邦林、王宝灿等；生物系的张作人、郑勉、王志稼等，这些知名学者为学科生态发展提供了强大的生命力。② 1997 年为加强对师资

---

① 宣勇，郝清杰. 回望 [M]. 北京：商务印书馆，2020：127.
② 华东师范大学校长办公室. 华东师范大学 [M]. 杭州：浙江大学出版社，2000：13-14.

队伍建设的决策与领导，建立华东师范大学师资建设委员会，专门负责教师的培养与选拔工作。①

　　"双一流"建设的落地实施，华东师范大学依托学科群和特色学科加强学科梯队建设。据统计，2020年华东师范大学新增"四青"优秀人才、杰出青年基金获得者、海外高层次领军人才、长江学者和万人计划等学术人才共142人，学者团队整体水平显著提升。② 华东师范大学目前依托现有的学科基地平台，围绕教育科学和地球科学两大学科群以及国家重点实验室，促进了高水平学者团队的快速发展。

---

① 袁运开，王铁仙. 华东师范大学校史（1951—2001）［M］. 上海：华东师范大学出版社，2001：288.
② 华东师范大学信息公开网. 2020年"双一流"建设概况［EB/OL］.（2020-09-21）［2021-03-24］. http://xxgk.ecnu.edu.cn/2b/7b/c11857a338811/page.htm.

第五章

文化视野中的英美一流大学学科生态生成与治理

第一节　英国剑桥大学学科生态的生成与治理

剑桥大学于 1209 年建立，建校历史源远流长，在时代的发展中不断创新，成为世界一流大学。目前，剑桥大学是由 31 个独立学院、6 个学术学院（学部）及 150 个院系组成的联邦制学校。剑桥大学的数学、物理学、化学、地球科学和天文学站在了学术研究的前沿，历史学、语言学、经济学、法律、人类学和考古学也处于世界研究的领先地位。[①] 剑桥大学拥有世界藏书最丰富的图书馆，以及具有研究功能的剑桥大学出版社。剑桥大学的师生国际化水平高，教师从全球招募，70% 的研究生来自世界其他大学。剑桥大学在世界大学排行榜中位于全球前 10 名，本书选取其作为英国一流大学的代表，对其学科生态生成和发展的历史演变过程进行研究，对我国一流大学的建设具有一定的借鉴作用。

一、学科知识生态

（一）学科知识结构由以古典学科为主演变成文理并重的多科性学科协同发展

剑桥大学建校之初到宗教改革前，在中世纪传统宗教文化的影响下，学

---

① 刘亮. 剑桥大学史［M］. 上海：上海交通大学出版社，2012：2.

科知识结构以文法神医等古典学科为主，为教会培养牧师和宗教人员。文学是学习其他学科的基础，基本课程是七艺和三门哲学。① 14 世纪中期，欧洲"黑死病"肆虐的社会文化环境，为剑桥大学学科的发展提供了机会。随后国家开始复苏，社会和宗教对牧师、法学家和医学的需求增多，促进了神学、法学、医学等学科的发展。剑桥大学从建立到中世纪，是教会的附属机构，大学被宗教权威牢牢控制，学科体现出浓厚的宗教主义色彩，但是在教会和王室的制度保护下，为学科发展提供了良好的政治环境。

16 世纪到 18 世纪，随着宗教改革的推进，人文主义、科学思想兴起，人文学科和自然学科发展起来，剑桥大学学科知识结构从古典学科转变为人文学科和自然学科并重。16 世纪后，在社会文化方面，随着人文主义的兴起和宗教改革的推进，人文主义精神得到了极大的弘扬，为"新学"的兴起培植土壤，剑桥大学开始突破神学的桎梏，人文主义学术传统取代了古典学科②，古代语言和文学获得了重要地位。宗教改革后剑桥大学停止有关经院哲学的讲授，神学讲座以《圣经》为主，废除宗教法学位的授予③，从而削弱神学在大学的地位，剑桥大学教学课程从宗教和神学转向希腊文、拉丁文、《圣经》和数学。

17 世纪中期，在社会文化方面，英国资产阶级革命胜利后，科学思想日益成熟，古典大学在保持传统学科的基础上，增设科学教育相关内容④，剑桥大学的自然科学由此发展起来。在弗兰西斯·培根科学思想的推动下，剑桥大学反思中世纪以来以神学和古典学科为主的教学内容体系，开始根据社会的需求培养科学技术人才，形成人文学科和自然科学相结合的学科设置。在大学文化方面，在大学教授百科全书式知识的思想影响下，剑桥大学的数学、化学、天文学、解剖学、几何学、实验学和矿物学等自然学科迅速发展起来，并设立教授席位。⑤ 另外，还开设了有关商业、造船的讲座，以培养具备经商

① 刘亮. 剑桥大学史 [M]. 上海：上海交通大学出版社，2012：4.
② 易红郡. 英国教育的文化阐释 [M]. 上海：华东师范大学出版社，2009：80.
③ 刘亮. 剑桥大学史 [M]. 上海：上海交通大学出版社，2012：14.
④ 黄福涛. 外国高等教育史 [M]. 上海：上海教育出版社，2008：103.
⑤ 梁丽娟. 剑桥大学 [M]. 长沙：湖南教育出版社，1996：41.

才能的商人，学科开始适应社会发展的需求。① 在巴洛、牛顿等人的推动下，数学成为剑桥大学最重要的学科，并促进大学科学研究工作的全面开展。17世纪到18世纪60年代，在王室和教会的控制下，剑桥大学变成具有贵族色彩的特权组织，束缚了剑桥大学的发展，造成学科建设与社会发展之间严重脱节，剑桥大学学科的发展也受到阻碍，尤其是自然科学的发展。

　　18世纪60年代，在社会文化方面，工业革命后英国的政治、经济、科技、文化发生了很大的变化，科学教育浪潮开始兴起，剑桥大学自然学科进一步发展，并确定其在大学中的重要性。在社会和大学的物质、制度文化的影响下，剑桥大学实行文理并重学科发展战略，以培养工业和城市科学技术人才为教学目标，建立起研究生院，以培养更高水平的人才，学科研究层次更上一层楼。1852年，英国皇家委员会颁布了《皇家委员会关于牛津大学和剑桥大学的报告》，报告建议学生在继续学习古典文学等传统学科的基础上，允许学生选择法学、数学、自然科学等新兴学科，从制度上要求剑桥大学改革学科知识结构以适应社会需求。1856年颁布《剑桥大学法案》，修改剑桥大学的教学内容，增加自然科学和道德科学的课程，并设立了自然科学和道德科学的荣誉学位考试，为自然学科的建设提供制度保障。② 1885年，剑桥大学设立休斯大厅学院，是一所研究生学院，学科研究的层次和水平进一步提高。

　　在德国实验科学的精神影响下，剑桥大学在19世纪创建了一批实验室和博物馆，为学科的发展提供了坚实的物质文化基础，为学科交流提供了良好平台，促进了交叉学科和边缘学科的产生与发展。例如，卡文迪什物理实验室的设立推动了物理学和物理实验研究的发展；医学、解剖学、工程学、植物学、考古学、地质学、农学和机械学等实验场所的设立，促进了相关学科的发展；③ 西奇威克博物馆的建立，促进了剑桥大学地质学的发展；菲茨威廉博物馆的建立，收集了许多古代文物，促进了剑桥大学文物学和考古学的

　　① 黄福涛. 外国高等教育史［M］. 上海：上海教育出版社，2008：73.
　　② 刘亮. 剑桥大学史［M］. 上海：上海交通大学出版社，2012：21-22.
　　③ 梁丽娟. 剑桥大学［M］. 长沙：湖南教育出版社，1996：48.

发展。①

此时，剑桥大学文理学科共同发展，物理学等自然学科在大学中占主导地位，政治学等社会学科在社会的需求下发展起来。② 人文学科的建设方面，在发挥神学和古典学的优势学科背景下，积极发展语言学并建立东方研究中心，并以此为依托，建立相应的语言学荣誉学位考试③，学科研究层次进一步提高。

19 世纪中后期，第二次工业革命后社会快速发展带来实用主义文化，促使剑桥大学学科知识结构走出象牙塔，开设实用学科。在社会文化方面，英国社会物质文化日益丰富，科学教育思想的传播，以及"新大学运动"的兴起，推动剑桥大学在教育管理、课程设置和学科发展方向等方面进行改革。在学科文化上，学科知识不断发展，科学教育思想使"人们对职业学科的看法发生转变"④，剑桥大学也开设实用学科，推动了自然学科、应用学科和社会学科的发展，形成了学术性学科和应用性学科协调发展的学科知识结构体系。

随着工业近代化高潮的到来，西方大学在形式和内容等方面都发生了相应的变化，在学科上主要体现在学科发展多样性和学科水平的迅速提高⑤，城市大学开始兴起，提供有关工程、制造、商业等方面的职业课程，以培养实用人才，为城市的商业发展服务，刺激剑桥大学等传统大学的学科设置发生改变。剑桥大学开设了适应工商业发展的课程，如机械科学、造船等，而且大大扩展了自然科学的研究领域，开始涉猎生物学、生理学、遗传学和细胞学等研究。⑥

"二战"时期，剑桥镇作为英国一些中央机关的基地接受来英国避难的外国科学家，加上剑桥大学拥有实验室、研究所、博物馆等物质条件，为学科

---

① 刘亮．剑桥大学史［M］．上海：上海交通大学出版社，2012：28.

② 刘亮．剑桥大学史［M］．上海：上海交通大学出版社，2012：98.

③ 刘亮．剑桥大学史［M］．上海：上海交通大学出版社，2012：29.

④ 朱镜人．英国工业发展对大学的影响（1850—1914）［J］．湖南师范大学教育科学学报，2017，16（3）：109-114.

⑤ 刘亮．剑桥大学史［M］．上海：上海交通大学出版社，2012：92.

⑥ 刘亮．剑桥大学史［M］．上海：上海交通大学出版社，2012：27.

发展提供了充足的物质保障，剑桥大学的物理、生化、医学、电子、电信、雷达研制在此期间迅猛发展起来。同时，英国政府颁布鼓励工科研究的国家奖学金制度，剑桥大学的工科迅速发展起来。"二战"后，剑桥大学的应用物理的分子生物学和无线电天文学这两门新学科领域处于领先地位，在发展电子光学分析技术方面也起到了关键作用。①

"二战"结束后，英国经济一落千丈，剑桥大学的学科发展也受到影响。② 20世纪后，第三次工业革命兴起，科技快速发展，高等教育大众化的浪潮冲击着剑桥大学精英教育的理念。英国政府颁布许多教育政策和报告，保证高等教育满足社会发展的需求。1961年，出台了《罗宾斯报告》提出大力扩充高等教育。剑桥大学在保持精英教育的基础上兴建了许多新的学院，如丘吉尔学院、达尔文学院、克莱尔大厅学院、沃尔森学院等③，增设新的系和荣誉学位，学科体系日益丰富，以满足社会发展对大学提出的要求。

如今，在经济快速发展的社会文化以及学科知识水平日益提高的学科文化影响下，剑桥大学形成了文理结合的多科性学科知识发展态势。剑桥大学学科体系齐全，不仅有传统学科和基础学科，而且有新兴学科，学科在改革和自我完善中不断发展。剑桥大学在文理并重的学科发展战略下，以自然学科为发展主线，注重促进学科之间的融合，交叉学科、新兴学科逐渐繁荣起来。

（二）学科研究方向逐步走向学术性和应用性相结合

剑桥大学成立后到宗教改革前，在宗教思想和学术独立的文化影响下，学科研究方向以学术研究为主，强调知识的内在价值。剑桥大学是在教会以及王室的支持下建立起来的，宗教思想在社会文化中占据主导地位，在宗教思想影响下学科研究方向偏宗教性，为宗教培养牧师、医生和律师，服务于教会的需要。并且在自由思想以及精英教育的大学理念影响下，教学内容强调培养博学的精英人才，认为教育的目的是追求知识本身价值，而不是外在的功利目的，学科研究方向以学术性为主。

宗教改革后到17世纪，随着宗教改革的推进，社会开始世俗化，学科研究

---

① 梁丽娟. 剑桥大学 [M]. 长沙：湖南教育出版社，1996：57.
② 黄福涛. 外国高等教育史 [M]. 上海：上海教育出版社，2008：230.
③ 刘亮. 剑桥大学史 [M]. 上海：上海交通大学出版社，2012：43.

方向由关注知识内在价值转向为世俗政治服务。16 世纪后，在社会文化方面，文艺复兴传播到英国，人文主义精神得到极大的宣扬，宗教改革一触即发，剑桥大学的学科研究方向开始世俗化，对神的关注逐渐弱化，对人本身的重视逐渐增强。剑桥大学在宗教改革后取消了经院哲学的教授，并废除宗教法学位，人文学科中神学的研究逐渐变少，对人的意义、精神方面的研究增多。宗教改革使得国王取代教皇成为英国教会的掌权者，改变了教会独自控制大学的局面，王室的权力逐渐渗透到剑桥大学内部，大学的功能逐渐转化为国家管理和政治服务，剑桥大学的学科研究方向由宗教性逐渐转变为世俗政治服务。

17 世纪中叶，英国资产阶级革命胜利后，科学思想的兴起使剑桥大学学科研究方向开始转向对自然界的研究。科学主义思想摆脱宗教的束缚而迅速发展起来，剑桥大学的自然学科由此发展起来，学科研究方向从以经验哲学为代表的神学体系转向自然知识体系，学者开始关注对自然界的研究，积极探索自然科学的奥秘。当时，数学成为剑桥大学最重要的学科，剑桥大学以数学为基础全面展开了自然科学的研究。

19 世纪到"二战"前，第二次工业革命后，物质文化更加丰富，实用文化占据社会主导地位，剑桥大学学科研究方向逐渐实用化。工业革命前，剑桥大学的传统教育理念是追求精英教育，重视人文社会科学，忽视自然科学，学科研究以基础研究为主，应用研究不足。工业革命后，科学技术进一步发展，物质文化日益丰富，实用主义占据了英国社会的主流文化，剑桥大学学科研究方向走向实用化，大学与工商业的联系逐渐密切，以适应社会发展的需求。剑桥大学将教学和科研活动延伸到校园之外的社会生活中，建立了实验和科研基地，鼓励学生将所学知识用于工业、农业和商业的生产中，加强为社会经济发展服务的理念，学科研究方向朝实用化发展。剑桥大学开始对理论课程进行改革，以凸显学科的应用性。例如，时任剑桥大学经济学教授的马歇尔改变当时纯政治理论的经济学，将与工业发展相关的内容纳入其编写的《剑桥经济学新课程》（*The New Cambridge Curriculum in Economics*）中。[1] 随后，

---

① 朱镜人. 英国工业发展对大学的影响（1850—1914）[J]. 湖南师范大学教育科学学报，2017，16（3）：109-114.

皮古教授的课程改革应用性更强，课程内容对现代工业的涉及更广。①

"二战"后至今，随着科学技术的迅猛发展，社会物质文化水平快速提升，剑桥大学形成实用性和应用性相结合的学科研究方向，学科朝跨学科、国际化方向发展。"二战"后，高等教育大众化的教育理念刺激着英国传统的精英教育，剑桥大学的课程设置逐步走出大学的象牙塔，适应社会发展的需要，学科研究方向在学术性和应用性中寻找平衡，既要保持对知识本身的追求，也要满足社会快速发展对大学学科的要求，但是对学术自由的信仰和对真理的追求仍是剑桥大学的学科发展目的。随着学科的不断分化与综合，社会问题日益复杂，以及教育一体化进程的加速，促使学科研究方向逐渐跨学科化、国际化。

（三）学科研究方法从单一化走向多元化并相互融合

剑桥大学成立初期到中世纪初，在宗教文化的影响下，学科研究方法以古典学科的经验哲学研究为主。剑桥大学成立后，在深厚的宗教文化影响下，课程设置主要以古典学科为主，学科研究方法以经院哲学的思辨为主，用烦琐的方法证明宗教信条的正确性。

宗教改革后到 18 世纪，随着人文思想和科学思想的兴起，剑桥大学学科研究方法以实验法、归纳法、实证法为主，人文学科的文献法、历史研究法也发展起来。16 世纪，在社会文化上，随着欧洲文艺复兴的到来，人文主义思想兴起，社会开始世俗化，人文学科也随之发展起来，文献研究法和历史研究法逐渐取代中世纪的经院哲学的研究方法。17 世纪后，在社会文化上，科学思想兴起，自然科学逐渐发展起来，培根痛斥经验哲学和教条主义，认为自然科学知识的获得是建立在感觉经验基础上的，将实验法、归纳法引入自然科学研究中，推动了近代科学的建立和发展。② 实验法和归纳法逐渐成为剑桥大学的主要研究方法，运用于自然学科和人文学科中，结束了经验哲学方法的统治。

---

① Robert Anderson. *British Universities*: *Past and Present* [M]. London: Hambledon Continuum, 2006: 202-203.

② 易红郡. 英国教育的文化阐释 [M]. 上海: 华东师范大学出版社, 2009: 123.

19 世纪到 20 世纪，物质文化水平不断提高，在科学思想和实用主义文化的影响下，通过改革实验，剑桥大学学科研究方法逐渐科学化。19 世纪后，在社会文化上，科学教育思想充斥于大学的教学和科学研究，在德国将科学技术应用于生产的实验科学影响下，剑桥大学兴建卡文迪什物理实验室、工程学、化学等实验室。随着实验室的建立，充足的物质文化使得人文学科和自然学科的研究方法更加科学化、精密化，突破了以前的理论实验的水平。此时，实验法、归纳法、演绎法、定量分析法、实证研究得到广泛应用，研究方法逐渐科学化。本时期社会科学处于初生阶段，采取自然科学和人文科学的研究方法，如英国的威廉·佩第在经济学研究中引入数学和统计方法，推动了社会科学和自然科学研究方法的融合。①

21 世纪，科学技术快速发展，学科内部发展走向综合化、交叉化，跨学科文化成为学科文化的主流，学科研究方法开始相互借鉴、吸收和融合。如培根最开始主要在自然科学中运用经验主义研究方法，后来逐渐被运用于社会科学和人文科学中。② 如今，学科研究以问题为中心选择研究方法，学科之间相互借鉴理论和研究方法成为发展趋势。

二、学科组织生态

（一）学科组织形式由独立学院制演变成学部系与学院并存

剑桥大学早期的学科组织形式在学术自由、教授治校的大学文化影响下，由教师自行组织上课，形成教师的行会，拥有共同管理教学和纪律并颁布学位的权力，尚未形成系统化的学科组织形式。剑桥大学起初的学院是为教师和学生提供食宿的场所，后来为了方便组织和教学，学院才逐渐发展成为适合本科生学习的学科组织。

16 世纪到 18 世纪，在宗教文化和独立自主的大学文化影响下，剑桥大学形成了独立学院制的学科组织形式，学院拥有独立管理的权力。剑桥大学在

---

① 别敦荣，隆芳敏. 剑桥大学的发展历程、教育理念及启示［J］. 现代大学教育，2011（4）：36.

② 易红郡. 英国教育的文化阐释［M］. 上海：华东师范大学出版社，2009：140.

复杂的中世纪社会和文化中产生，从出生就带有自由主义精神，包含政治自由、思想自由和经济自由。① 剑桥大学的学院分布在剑桥镇的各个地方，在经济自由的思想推动下，学院之间财政和行政独立发展，是学院制形成的历史原因。经济独立可以减少外界对学院的干预，保障了学院学术自由的权利。

1565 年，在大学文化方面，政府颁布"伊丽莎白法令"，明确大学副校长和院长的具体管理权力，标志着剑桥大学学院制正式确定。16 世纪后，随着学院的发展越来越成熟，剑桥大学的教学功能逐渐转移到学院手中，学院开始在大学中起决定性的作用，学院的权力越来越大，形成在院长的领导下人、财、物等方面高度自治的组织机构。

18 世纪中期至今，在社会快速发展的社会文化和学科知识不断细化的学科文化的影响下，剑桥大学借鉴德国学系制度，形成"学院制+学部系"的学科组织形式，从校级层面设立学部系统不断细化的学科专业。

18 世纪 60 年代后，在社会文化方面，在王室和国教的控制下，剑桥大学宗教限制严格，学院之间独立发展，大学未设立相关的机构对全校学科进行统筹管控，其学科发展、大学建设与社会发展的需求脱节。剑桥大学在蓬勃的产业革命和经济繁荣的社会环境下宗教矛盾和制度矛盾愈加明显。同时，在学科文化上，学科的不断发展、学科的进一步分化使得学科层级增多，独立的学院制难以很好地管理不断细化的学科，需要从校级层面建立学科组织加以统筹管理。

为了适应社会和学科发展的需要，在德国学科制度的影响下，剑桥大学借鉴德国大学系的学科组织形式，根据知识的逻辑分类设置学系，从校一级统筹规划大学的学科设置，促进学科组织形式更加系统化和规范化。1856年，通过《剑桥大学法案》，传统的学院制中院长的权力被弱化，剑桥大学的管理权逐步转移到大学管理委员会和大学评议会，大学加强对各学院的监督和管理，学院单独管理权力削弱。随后，1923 年颁布了《牛津大学和剑桥大学法案》，制订了调整大学和学院地位的计划，规定校评议会是剑桥大学的最

① 陈·巴特尔，许伊娜. 骨子里的自由——论剑桥大学的自由主义传统 [J]. 青岛科技大学学报（社会科学版），2015，31（3）：94-97.

高权力机构，最终确立了现在的学部制，将学科发展的权力集中于校长手上。校长通过法案重新拿回学院的管理权，统筹规划各学院的发展和建设，以适应时代变迁的需要，为剑桥大学学科组织形式的变革奠定制度基础。

剑桥大学形成由部系、学院组成的矩阵式学科组织结构，大学以学科分化为标准设置并直接管理各学部系，负责教学安排和颁布学位，而各学院在学科综合的基础上，负责学生食宿和个别教学指导。① 1882 年，剑桥大学设立学部总委员会，负责统一管理学部事务，各学部由日常管理的委员会和负责学位授予的委员会组成，两个委员会都由学位总委员会负责。1922 年起，剑桥大学在学科不断细化的基础上设置了许多学系和学位，扩大了基层学术组织的规模。

21 世纪后，在问题日益复杂化的社会文化以及学科分化发展的学科文化的影响下，形成了跨学科学术组织的学科组织形式。进入 21 世纪后，剑桥大学的学科交流愈加激烈，学科组织形式也不断地更新发展，剑桥大学为跨学科提供了专门的学位制度以及资金支持，从制度和物质上推动了跨学科研究的学科组织形式的产生与发展。剑桥大学建立了化学工程学部、土地经济学部、生物技术中心等跨学科的学术机构。②

如今，剑桥大学形成以学院为横向，以学部系、研究所和中心为纵向的矩阵学科组织形式。剑桥大学在学院下设科系，同时通过设置学术学院（相当于学部）统筹科系的发展。③

（二）学科制度逐渐完善以满足大学发展需要

剑桥大学成立后到宗教改革前，在宗教文化的影响下，教会控制大学，剑桥大学学科管理的自主权受限。剑桥大学成立之初，在宗教文化的影响下，大学的管理受到教会和王室的制约，教会控制大学的教学内容，学科知识结构以神学为主。这一时期社会和大学没有为剑桥大学学科生态创建自由、独

---

① 张冠宇. 英国研究型大学学术组织系统的结构与运行机制研究［D］. 南京：南京理工大学，2015.

② 梁丽娟. 剑桥大学［M］. 长沙：湖南教育出版社，1996：103-104.

③ 谢凌凌. 世界一流大学的学院治理与高等教育创新——对剑桥大学教育学院院长杰夫·海沃德教授的访谈［J］. 高等教育研究，2017，38（5）：1-8.

立的精神和制度文化环境。剑桥大学在教会和王室的控制下，办学自主权受限，成为一个贵族、宗教气息浓厚的教学场所。剑桥大学的校长在教会和王室的庇护下，拥有许多特权，如对酒馆营业执照的监督、审判权，控告权以及处理诉讼案件的权力。剑桥大学的管理权力集中在由硕士组成的校务委员会以及由其推选出来的学监手里。

16 世纪到 17 世纪，在独立自主、学术自由的文化影响下，剑桥大学形成独立学院制和导师制，学科管理权力集中在各院院长手中。16 世纪之后，在学科文化上，学科知识水平不断发展，同时，学院拥有独立的土地和财产权，推动学院制正式形成，为学科的发展提供优良的制度文化条件，大学的管理权力从校长转移到各学院的院长。在大学文化方面，在 1570 年颁布的《伊丽莎白章程》中，对剑桥大学的特权做出保证，规定学院的领导拥有管理的权力，将权力集中在副校长和院长的手上①，从法律上确认了剑桥大学学院的高度自治。剑桥大学的各个学院拥有独立的领导机构和章程，权力集中在院长手中。

随着学院制的成熟，剑桥大学的导师制也随之成为剑桥大学教学制度的核心，导师对学生整个教育过程的学习和生活进行指导和教育，重视培养学生独立思考和创新的精神和能力，以此培养无数优质学生，为学科的发展奠定了制度文化条件。并随着自然学科地位的提高，剑桥大学纷纷设立教授讲座制度，形成了学科自由发展的物质文化环境。同时，随着学科知识的成熟，规定中世纪正式的教师必须拥有硕士或博士学位，因此剑桥大学在中世纪已形成了初步的学位制度，神学、法学、医学拥有硕士学位，有利于推动学科往高层次发展。宗教改革后，王室取代教皇成为英国的最高权力机关，加强了对剑桥大学的控制，剑桥大学逐渐世俗化，为世俗政权服务。

18 世纪到 21 世纪，在民主文化的影响下，形成以副校长为首的多级管理体制，将学科管理权集中在校长手中，大学管理民主化、科学化；同时，实用文化的兴起和学科知识的快速发展，形成自由选课制、集中分配制、选修制等。

---

① 刘亮. 剑桥大学史［M］. 上海：上海交通大学出版社，2012：8.

18 世纪后，在社会文化方面，工业革命的完成，使英国社会政治、经济和文化发生很大的变化，剑桥大学的学科制度已不再适应社会的发展。在大学文化方面，通过《剑桥大学法案》和《牛津大学和剑桥大学法案》等制度，剑桥大学将管理大学的权力从各院长手里转到大学层面的大学管理委员会和大学评议会，大学管理中增加学术人员，其管理更加民主和科学。

1856 年颁布的《剑桥大学法案》，规定大学的最高权力机关是大学评议会，学院不再自行掌握权力，大学评议会的常委由校评议会的固定成员选举产生，包括 4 个院长、4 个教授和 8 个评议会其他成员及副校长。① 《剑桥大学法案》提出成立剑桥大学管理委员会，并将校长、院长、教授等都纳入其中，听取各方意见，具有一定的民主性，将管理大学的权力集中于该委员会。1923 年《牛津大学和剑桥大学法案》制订了调整大学和学院地位的计划，规定剑桥大学的最高权力机构是校评议会，该法案进一步削弱了学院的独立性。② 这个时期，剑桥大学的管理在副校长和院长中取得平衡，使剑桥大学的权力结构趋于平衡。

19 世纪后，随着英国政治、经济、科技和文化的发展，剑桥大学不断更新其课程内容，彻底摆脱宗教对课程的制约，适应时代发展的需要。在社会文化方面，科技快速发展，社会物质文化逐渐丰富，实用文化的兴起促使剑桥大学设置实用学科，学科体系丰富起来；在学科文化方面，随着学科知识水平的不断提高，在满足社会以及学科本身发展的基础上，改革教学制度，先后实行自由选课制、集中分配制、选修制③，学科制度不断优化。20 世纪后，国会通过法令和政策把中世纪时赋予剑桥大学的特权剥夺，剑桥大学随之摆脱王室和宗教对大学的束缚，形成自主发展和管理的学科制度。

在英国传统的民主文化的熏陶下，大学管理体系逐渐健全和完善，越来越多的教师和研究员参与到学校和学院的管理中，大学的管理更加民主化。如今，剑桥大学确立以副校长为中心的多级管理体制，校评议会是大学最高权力机构，负责大学的重大政策的调整和决议的通过，并且校评议会征求各

---

① 刘亮 . 剑桥大学史 ［M］. 上海：上海交通大学出版社，2012：22.

② 刘亮 . 剑桥大学史 ［M］. 上海：上海交通大学出版社，2012：64.

③ 刘亮 . 剑桥大学史 ［M］. 上海：上海交通大学出版社，2012：98.

方意见，以投票的形式进行表决，充分体现了大学管理的民主性。①

21世纪后，在学科快速发展以及大学自治的学科文化的影响下，形成独立学科专业设置、交叉学位、与国外学位、学分、教育层次互认制度。英国社会从中世纪以来形成了大学自治、学术自由的文化传统，大学拥有自主设置学科专业和授予学位的权力。英国并没有全国权威性的学科划分标准，主要由英国高等教育统计处和大学招生委员会出台学科专业分类计划，仅用于统计，不具约束力。英国高校在获得皇家特许状的基础上，具有大学头衔就有设置学科专业和授予学位的自主权，只需通过大学专业委员会的许可就能根据社会经济的发展以及学科自身发展情况自由调整学科设置，不受政府管制，从制度上给剑桥大学的学科自由发展创造了条件。② 并且在学科文化上，剑桥大学根据学科综合发展趋势，设置交叉学科的专门学位，为跨学科发展提供了支撑，例如，在本科教育中设立联合学位，并开设具有学科交叉性质的公共政策硕士课程。

在社会文化方面，随着欧洲经济、政治、文化、教育一体化的推进，1999年欧盟国家签署了"博洛尼亚进程"，形成学历互认和学分互换的体系，互相承认本科教育和研究生教育层次，建立欧洲通用的高等教育标准③，有利于欧洲高等教育的学科交流、学科制度的不断完善。

（三）学科资金来源由以社会捐赠为主演变为国家资助和学科创收相结合

剑桥大学建校初期，在宗教文化和独立自主的大学文化的影响下，学科资金来源以学院土地经营投资收入和私人捐赠为主，为剑桥大学学科发展提供物质条件。在大学文化方面，剑桥大学自建立以来，在独立自治的学院文化下，学院拥有独立的财务管理权，通过土地的经营投资创造收入，是学科资金的主要来源途径。在社会文化方面，西方的宗教观念深入人心，基督教

---

① 刘亮.剑桥大学史 [M].上海：上海交通大学出版社，2012：87.

② 赵婷婷，张婷婷.英国高等教育学科专业结构的调整与启示 [J].中国大学教学，2002（2）：52-54.

③ 张国昌，林伟连，许为民，张文军，张健，程红.英国高等教育学科专业设置及其启示 [J].学位与研究生教育，2007（6）：68-73.

提倡"博爱"的思想，认为要"爱上帝"和"爱人如己"，同时基督教从原罪论出发，认为人都是有原罪的，慈善便是赎罪的一种形式，是人类进行自我圣化和接近上帝的方法和途径①，受原罪论的宗教文化影响，社会捐赠成为西方社会的传统，由此形成了独特的捐赠文化，其中教育捐赠是主要的捐赠形式。王室、上层贵族、国家官员、教会等通过个人捐赠参与剑桥大学学院的建立。1284 年，在当时大主教休·德·鲍尔萨姆的捐赠下，成立了剑桥大学第一所学院——彼得豪斯学院。随后，在王室和贵族等人的捐赠下成立了剑桥大学初期的各个学院，极大地推动了学科的发展。

在学科文化方面，随着剑桥大学学科发展的不断成熟，对大学的捐赠由直接的资金捐赠转变为学科教授席位的赠予，为学科的发展提供了充实的物质条件。1502 年，亨利七世的母亲福特夫人捐赠剑桥大学第一个教授席位：神学教授席位。随后，亨利八世向剑桥大学捐赠了 5 个皇家教授席位②，为私人捐赠树立了良好的榜样。

18 世纪后，物质文化日益丰富，国家加大了对大学的资金投入以更好地管理大学，剑桥大学学科资金来源形成国家财政拨款和私人捐赠相结合的形式，并以国家投入为主。英国完成资产阶级革命后，国家管理权力集中于资产阶级的手中，英国政府为加强对剑桥大学的管理，对其提供资金和制度政策支持。19 世纪后期，在社会文化方面，英国政府开始设立专门的大学拨款机构，从制度上保障政府对大学进行资助。从此，英国高校的学科资金来源发生重大转变，剑桥大学的学科资金来源由私人捐赠向国家资助和私人捐赠相结合转变，并以国家资助为主。

1893 年，英国政府设立枢密院教育委员会，管理英国政府教育拨款的配置情况，主要资助牛津大学和剑桥大学。③ 1898 年英国政府首次对剑桥大学进行财政拨款，保证剑桥大学有稳定的资金进行科学研究和培养人才，同时鼓励剑桥大学在自然科学和医学上的教学和研究④，从而促进了剑桥大学以物

---

① 黄家瑶. 中西方慈善文化的渊源比较及启示 [J]. 学术界，2008 (4)：27-31.
② 刘亮. 剑桥大学史 [M]. 上海：上海交通大学出版社，2012：7.
③ 刘亮. 剑桥大学史 [M]. 上海：上海交通大学出版社，2012：42.
④ 刘亮. 剑桥大学史 [M]. 上海：上海交通大学出版社，2012：199.

理学为代表的自然科学的迅速发展。1917 年，英国枢密院设立专门的科学和产业研究厅，对剑桥大学有关自然和产业方面的研究进行直接拨款，以培养杰出的理工科人才，推动自然学科在英国的发展。在此基础上，1999 年英国政府建立大学拨款委员会，专门负责剑桥大学的经济开支，提供科研经费以及各种形式的财政支持。① 随后，相继建立大学拨款委员会，为剑桥大学的学科资金来源提供制度和物质保障。从以往政府拨款政策看，英国政府对剑桥大学的资助以自然科学为主。20 世纪中期后，国家拨款成为剑桥大学的主要财政来源，英国政府在剑桥大学设立专门的管理委员会和拨款委员会，用财政的手段对剑桥大学进行干预和管理，直接影响剑桥大学的科学研究和课程设置，推动了英国科学技术的发展以及优秀人才的培养，为剑桥大学学科生态提供了稳定的物质支持。

英国在迅速工业化的进程中形成了规模较大的私人企业和财团，社会物质文化水平迅速提升，社会捐助达到了高潮，剑桥大学的私人捐赠范围扩展到企业家、慈善家和私人财团等，以基金会对大学的捐赠为代表，主要用于兴建图书馆、博物院、实验室和学院，为剑桥大学的学科发展提供了充分的物质条件。剑桥大学在洛克菲勒基金会的大力援助下，兴建了图书馆大楼，并对藏书重新进行分类和编目，馆藏极其丰富，为剑桥大学的学科提供了交流平台。在旧领地基金会和福特基金会的大量捐赠下，剑桥大学成立了克莱尔学院，重点培养研究生和博士后。② 1981 年，在企业家大卫·罗宾森的投资下，剑桥大学建立了罗宾森学院，形成了一个新的研究和教学中心。企业的资金捐助加强了剑桥大学学科和社会之间的联系，促进学科生态中学科内部和社会外部之间的物质能量流动，是社会文化影响学科发展的一种形式，有利于学科生态的良性循环发展。

20 世纪 70 年代后，在社会文化方面，整个西方经济衰退，英国政府入不敷出，减少了对高等教育的资金投入，促使剑桥大学转变学科资金筹措方式，从学科内在出发，通过与企业合作、设立科技园等加快学科研究成果转换，

---

① 刘亮. 剑桥大学史 [M]. 上海：上海交通大学出版社，2012：199.
② 刘亮. 剑桥大学史 [M]. 上海：上海交通大学出版社，2012：45.

拓展学科资金来源。

在撒切尔主义的经济政策下，大学基金委员会减少对剑桥大学的财政拨款，私人捐赠也大幅减少。剑桥大学不得不转变学科思维，通过与企业合作研究、成果转换、技术转移和咨询服务等方式筹集学科资金，从学科内部出发创造社会效益以筹集资金。

同时，在社会文化方面，英国政府通过制定政策和制度推动了大学与工商业的联系，从制度和物质上推动学科产生社会效益以获得资金。英国政府建立新的高等教育经费筹措新机制，在市场经济文化的刺激下，秉承"谁受益，谁付费"的高等教育成本分担理论，认为政府、企业、学生和社会团体都是高等教育的受益者，学生、企业和社会团体也应承担相应的高等教育经费，促使大学要加强与工业的联系，吸引工业部门的资金。1969年，《莫特报告》规定了剑桥大学要建立科技园以增强学科科研转换能力，加强大学学科与社会的联系，将学科成果应用于国家建设中，为学科发展提供动力和资金，是剑桥大学学科发展的物质和制度文化的基础。同时，英国贸易和工业部、教育与技能部和英格兰高等教育基金会共同创立"高等教育创业资金"，对高等教育进行资助，推动大学与产业的联系，加快大学的技术转移和知识创新。

在高等教育日益市场化、高科技产业迅速发展的社会文化背景下，以及政府物质和制度的支持下，剑桥大学建立科技园推动高新技术研究和产学研一体化，通过加强与高科技企业的合作，形成全新的学科成果转换模式。剑桥大学成立"剑桥企业有限公司"，负责剑桥大学的科技成果转换，获利十分可观，2008—2009财年的收入为986.5万英镑，2009—2010年达到1004.1万英镑。[①] 剑桥大学的学科资金来源向学科本身拓展，主要集中于工科、医科、商科等自然学科和社会学科，人文学科还是以社会捐赠和国家资助为主。

目前，剑桥大学的学科资金来源首先是政府的财政拨款，其次是各学院土地投资的创收以及与企业合作的收入，再次是社会的"募捐"，吸引私人、企业等社会的捐赠，最后是学生的学费收入。其中，政府拨款约占总经费的

---

① 范硕，李俊江. 剑桥大学科技商业化的经验及启示 [J]. 中国科技论坛，2011（6）：157-160.

60%，非政府拨款的收入约占总经费的 40%。① 剑桥大学的校友捐赠是学科资
金来源的重要部分，在剑桥大学独特的学院制和导师制的大学文化影响下，
导师关切学生的学习和生活情况，培养了学生对学院的责任感和忠诚感，学
生毕业后自愿捐赠、遗赠大批财富和书籍给学院，成为学院学科资金来源的
重要渠道之一。

（四）学科交流网络越来越丰富

剑桥大学成立之初，在浓厚的宗教文化笼罩下，学科设置以神学和古典
学科为主，为教会培养行政及神职人员，在学科文化上学科知识发展水平较
低，因此尚未出现学会、学术团体、学术期刊、出版社等，学科交流网络尚
未形成，只有教师的行会供教师进行交流。随着学院的陆续建立，各学院开
始兴建自己的图书馆，促进学院内学科之间的交流。

16 世纪到 19 世纪，在学科文化方面，随着学科发展的成熟以及学科交流
的需要，出版社、学术团体和讲座制等陆续出现，为学术交流提供平台，促
进学科交流和技术进步。16 世纪 20 年代印刷术传入剑桥大学，剑桥大学在王
室准许下建立剑桥大学出版社，负责印刷和创办批准的学术著作、教科书和
《圣经》等。剑桥大学出版社的成立加快了学科交流的速度，为学科交流提供
了物质文化基础。剑桥大学自然学科迅速发展，成立了英国皇家学会，英国
皇家学会通过科学研究、科学考察等方式为政府提供咨询服务，并组织与国
外科技人员的来往，促进英国科学技术的发展以及自然科学研究的兴起②，同
时推动了剑桥大学自然科学的发展，拓宽了剑桥大学自然学科的交流范围。

随着英国的科学思想逐渐摆脱宗教，剑桥大学自然学科也随之快速发展，
剑桥大学设立了一系列的科学讲座教授职位，通过举行讲座的方式为学科交
流提供了良好的制度和行为文化环境，扩大了剑桥大学自然学科和人文学科
的学科影响力。

19 世纪到"二战"前，在学科文化方面，学科发展水平不断提高，在德
国高等教育以及科学教育的影响下，英国创建了高水平的期刊。1836 年，为

---

① 任中夏. 英国高等教育的若干特点与启示 [J]. 民族教育研究，2008（3）：108-119.
② 刘亮. 剑桥大学史 [M]. 上海：上海交通大学出版社，2012：229-230.

推动英国的科学研究和科学教育，洛克耶创办《自然》杂志，为英国科学家发表文章和交流观点提供平台。① 随着剑桥大学的不断扩张和发展，以及学科的快速发展，剑桥大学成立学科协会，提高了学科交流的水平。1835 年，剑桥大学成立地质研究组，随后又组建地质协会，促进了剑桥大学地质学的交流和发展。1911 年剑桥大学历史协会的建立，促使历史学成为剑桥大学的一门主要学科。学术杂志、协会的成立，提高了学科的学术交流水平。与此同时，剑桥大学图书馆在洛克菲勒基金会的捐赠下得到扩建，拥有了更丰富的藏书，为学科交流提供了更加便利、广阔的平台，为学科的交流奠定了物质基础。

"二战"后到 21 世纪，在社会文化方面，英国政府通过颁布大量的法律法规政策，为高校与企业的双向合作给予制度保障，推动了剑桥大学学科与外界的联系，学科交流愈加广泛。英国政府先后制定《珀西报告》《巴洛报告》《技术教育白皮书》《罗宾斯报告》《学习社会中的高等教育》《高等教育的未来》等政策法规，刺激高校与工商业的合作，并且在有关知识产权保护法等方面给予法律保障，从制度上保障学科与外界的交流与合作。同时，大学与工商业合作的思想观念有所改变，在政府的政策制度推动下，大学纷纷改变其封闭的学科发展观念，形成开放的学科发展思维，推动了大学学科与外界的交流与合作。

21 世纪后，在社会文化方面，全球经济一体化逐步形成，物质文化水平日益提高，学科交流网络智能化、国际化。由于网络信息技术的发展，剑桥大学图书馆拥有丰富的馆藏资源和网络资源，现藏书 600 多万册，图书馆能订阅到国内外最新的电子期刊、学报和书籍，扩大了学科网络交流的范围，为剑桥大学学科交流提供了更便捷的平台。在教育国际化的背景下，英国政府通过设立奖学金制度以及与世界其他国家的学分、学位、教育层次的互认，推动了剑桥大学的学生和教师的国际化。

目前，剑桥大学的学系每周会举行若干次学术交流的讲座及每天两小时的下午茶交流时间，不同学科的教师和学生可聚在一起交流，了解对方的研

---

① 周保利 . 19 世纪剑桥大学改革研究 ［D］. 石家庄：河北大学，2009.

究领域和方法，为学科交流搭建良好的平台，有利于形成交叉学科和前沿学科。独立的学院制为不同学科的师生提供了交流的场所，同一所学院的学生和教师在同一个学院生活，却横跨多个不同学科的学术组织，有利于不同学科观点的碰撞，产生交叉学科。

三、学科人生态

（一）学者对大学发挥的作用越来越大

剑桥大学成立初期到宗教改革前，在宗教文化的影响下，校长的管理权力受到教会的制约。剑桥大学成立初期，在社会文化方面，在宗教文化的影响下，校长由教师选举产生，大多由教会人员和王室人员担任，上任要得到王室和教会的认可和批准，反之也能得到王室给予的特权。在强烈的宗教思想观念的影响下，其教学和管理也笼罩着宗教主义的思想。

宗教改革后到 19 世纪，随着人文思想和科学思想的传播，剑桥大学的校长思想逐渐从宗教思想中解放出来，推动了人文学科和自然学科的发展，同时形成了以副校长为中心的大学管理制度。

欧洲文艺复兴后，在大学文化方面，人文主义思想的传播促使剑桥大学校长费舍尔重视人文学科在剑桥大学的重要性，并邀请伊拉斯谟来剑桥大学教授希腊语等古代语言和文学，剑桥大学的学科教学转变为希腊文、拉丁文和《圣经》。[1] 经过费舍尔的改革，将人文主义思潮引入剑桥大学，使得剑桥大学学科开始摆脱宗教的制约，为剑桥大学学科生态的发展提供了良好的大学文化环境。宗教改革后，剑桥大学的校长由教师任命，不再需要得到教会的批准。[2] 1535 年，《伊丽莎白章程》颁布后，克伦威尔接替费舍尔担任剑桥大学副校长后，王室就逐渐失去直接管理剑桥大学的权力，从此，校长由政府高官和贵族担任，副校长的地位与日俱增。[3]

17 世纪后，在社会文化方面，重视科学技术和科学研究，尤其是工业革

---

① 刘亮. 剑桥大学史 [M]. 上海：上海交通大学出版社，2012：11.
② 刘亮. 剑桥大学史 [M]. 上海：上海交通大学出版社，2012：15.
③ 刘亮. 剑桥大学史 [M]. 上海：上海交通大学出版社，2012：211.

命后，大学校长的思想日益解放，自然科学得到重视，推动剑桥大学学科生态朝文理均衡发展。本特利担任剑桥大学的校长，不仅推动了剑桥大学成为人文学科的中心，还积极推动自然学科在大学的发展。本特利成立"自然哲学学院"，并使它成为科学研究的中心，促进牛顿学说的发展；为天文学家罗杰建立了天文观察台；为化学家乔凡尼专门的图书馆供其研究。① 在本特利的改革下，剑桥大学的自然科学获得较大的发展。本特利还对剑桥大学的图书馆和出版社进行扩建和重建，使剑桥大学成为欧洲的学术研究中心，为剑桥大学的学科发展提供充足的物质支持。

19 世纪至今，随着大学管理体制的改革，确立了校长在大学中的主体地位，校长获得统筹大学和学科发展的权力，根据时代需求做出改革。19 世纪，在工业革命的冲击下，剑桥大学的学科课程与社会发展严重脱节。1847 年阿尔伯特亲王担任校长后对剑桥大学进行改革，消除了宗教对剑桥大学的束缚，增加了自然科学和道德科学的课程，并设立了相应的荣誉考试，推动了剑桥大学自然科学的发展，促使剑桥大学在体制管理和教学方面得到了变革，适应社会发展的需要。

19 世纪后期，随着英国科学技术的发展，同时社会和大学的物质水平不断提高，实验科学成为科学的发展趋势，在卡文迪什校长的倡导和财政支持下，剑桥大学的实验室应运而生，以卡文迪什物理实验室为代表，相继建立化学、生物、医学、解剖学、工程学、机械学等实验室②，实验室的建立极大地推动了剑桥大学学科的发展，丰富了剑桥大学学科生态的物质文化基础。

20 世纪后，科学技术快速发展，经济日益全球化，高等教育也随着社会的发展日益全球化、国际化。1996 年，布鲁斯担任剑桥大学副校长，推动了剑桥大学的教学改革，扩展了剑桥大学的国际交流项目，使剑桥大学更加国际化和多元化。③ 学科的不断分化和综合的发展规律促使学科研究越来越深入，学科的研究资金对学科持续研究日益重要，尤其是基础学科研究耗时长、花费多，资金的持续投入不可缺少。在这样的学科文化影响下，艾莉森担任

---

① 刘亮．剑桥大学史［M］．上海：上海交通大学出版社，2012：217.
② 刘亮．剑桥大学史［M］．上海：上海交通大学出版社，2012：210.
③ 刘亮．剑桥大学史［M］．上海：上海交通大学出版社，2012：218.

剑桥大学校长后，认识到资金投入对大学发展的重要性，积极争取高达 10 亿美元来支持和扩大基础课程的建设，保证了剑桥大学基础学科的发展，促进了基础学科和应用学科共同发展。①

随着时代和大学的发展，校长的任期也随之发生改变，在独立自治、民主管理的文化影响下，校长的选拔更加民主，权力更加自由。

1989 年以前，副校长的任期是一年，这种短暂的任期大大削弱了副校长的权力和实行规划的延续性，不利于学科生态的持续发展。1989 年后，在学科发展需要连续性的学科文化影响下，经过校参议院的讨论，副校长的任期扩展到 7 年，② 有利于学科发展政策实施的持续性，促进了剑桥大学学科生态的持续稳定发展。

在英国自治文化和民主管理的大学文化影响下，剑桥大学的校长是由校参议院主要从大学的管理层中选举产生。校长从学校内部的管理层中产生，对大学的了解比较全面，有利于其对大学的管理。剑桥大学校长的权力随着时代的发展发生了很大变化，校长的权力逐渐被弱化，副校长的权力越来越大。

（二）学者团队由单一化向多元化发展且权力越来越大

建校初期到宗教改革前，在宗教文化的影响下，剑桥大学学者团队在教会的控制下，来源比较单一且水平较低。在英国社会宗教文化的影响下，早期剑桥大学的主导权掌握在王室和教会的手里，教师来源比较单一，主要由神职人员组成。此时的教师是精通七艺的博学之士，学术水平相对较低。大学产生后，教师的管理演变成行会模式，从事教师工作不仅要得到主教的许可，还需获得教师行会的认可。

16 世纪到 19 世纪，随着学科知识不断分化和发展，剑桥大学学者团队逐渐分科化、专业化，推动了学科的发展，但是在宗教文化的制约下，剑桥大学的教师来源限于国教。16 世纪，在学科文化方面，随着科学研究的深入，知识的分化越来越细，古典大学百科全科书式的学者已经不再适应学科发展

---

① 刘亮. 剑桥大学史 [M]. 上海：上海交通大学出版社，2012：219.

② 刘亮. 剑桥大学史 [M]. 上海：上海交通大学出版社，2012：212.

的需求，取而代之的是诸如数学、化学等专门的学科教师，教师的学科知识不断提高且逐渐专业化。在大学文化方面，随着英国科学技术逐步摆脱宗教的束缚而发展起来，剑桥大学的自然学科随之发展起来，设立数学、化学、天文学、植物学、地质学等讲座教授席位，聘请相关学科教师通过举行讲座教授高深的知识，教师的知识逐渐专业化，有效地促进了相关学科的发展。这个时期，在培根、巴洛、牛顿等著名学者的努力下，剑桥大学的自然科学发展取得很大的进步。但是，宗教改革后，随着英国国教地位的确立，剑桥大学在王室和国教的控制下拒绝非国教的优秀学者和学生进入大学，院士的遴选具有浓厚的宗教色彩，其遴选过程也是不公平的，在一定程度上造成许多学院师资不足和教学水平不高的现象。

19 世纪到 21 世纪，在大学文化方面，大学管理制度逐渐完善，教师的来源进一步扩大，民主管理权力也得到提高；在学科文化方面，学科知识不断深化，教师的专业化水平也越来越高。1856 年，通过《剑桥大学法案》改革剑桥大学，取消对院士遴选的宗教限制，强调大学教授是教学的核心，非国教教徒开始成为教授[1]，在一定程度上扩大了剑桥大学的师资来源，提高了教学水平。并且《剑桥大学法案》通过对大学管理权的改革，使得教授和研究员能够参与大学的管理，由学术人员管理大学的方式逐步取代了中世纪由各学院少数寡头控制大学的传统。[2] 学者团队的权力不仅体现在学术上，更体现在大学管理中，使大学的管理更加民主和科学。通过废除宗教考核法取消禁止院士结婚，从遗传学的观点来说院士家庭相互联姻，其后代因受到良好的教育而成为剑桥大学的教授或校长，为剑桥大学培育了很多优秀的人才，如著名的阿尔诺德家族、阿德里安家族、赫胥黎家族、麦考利家族和达尔文家族。[3]

"二战"时期，在开放、包容的大学文化和学科繁荣发展的学科文化影响下，剑桥大学接收了大量被希特勒迫害的科学家和研究者，他们进入剑桥大学后对大学的学术发展和学科建设做出了重要的贡献。

---

① 刘亮. 剑桥大学史 [M]. 上海：上海交通大学出版社，2012：23.

② 刘永. 剑桥人的智慧 [M]. 延吉：延边大学出版社，2001：37.

③ 刘亮. 剑桥大学史 [M]. 上海：上海交通大学出版社，2012：24.

大学是由学者管理的自治机构，这一直是剑桥大学的理念。20世纪中期后，随着大学体系的健全和完善，在民主文化影响下，教师们希望建立一个研究和领导更加民主的大学，让教师和研究员逐渐参与到大学的管理体系中。① 剑桥大学通过"教职工全体大会"，让学术人员参与到学校的管理和建设中，为教授治校提供组织和制度的保障，使得剑桥大学的教师参与大学管理的权利进一步得到巩固。但是20世纪60年代后，随着英国的政治、经济逐步衰退，剑桥大学大批优秀的科学家外流到美国，造成剑桥的师资力量严重流失。

21世纪后，在社会文化方面，随着经济全球化、教育国际化和高等教育大众化时代的到来，英国经济的复苏使得剑桥大学可以从全世界选拔教师，教师的国际化水平越来越高；在学科文化方面，随着学科不断深入的发展，不断分化以及综合促使教师要进行跨学科合作研究，教师在学科专业化的基础上综合化水平越来越高。

剑桥大学为保证专业人才培养的质量，各学院的师资水平达到国际一流，分别从各大研究机构、世界一流大学、工业技术和行政管理行业中聘用知名的教授和学者，此外，还聘请企业管理人员等参与学校的教学工作。② 以剑桥大学材料系教授为例，从事科研的主要人员来自世界各地的研究员、博士后和博士研究生、学者。③

第二节　美国哈佛大学学科生态的生成与治理

哈佛大学是美国本土历史最悠久的高等学府，建立于1636年，最早由马萨诸塞州殖民地立法机关创建，初名"新市民学院"。为了纪念在成立初期给予学院慷慨支持的约翰·哈佛牧师，学校于1639年更名为"哈佛学院（Harvard Col-

---

① 刘亮. 剑桥大学史 [M]. 上海：上海交通大学出版社，2012：42.
② 刘亮. 剑桥大学史 [M]. 上海：上海交通大学出版社，2012：94.
③ 谭俊，徐滨士，郭振峰. 英国主要大学学科建设的借鉴与思考 [J]. 装甲兵工程学院学报，2002（4）：73-78.

lege）"，1780 年哈佛学院正式改称"哈佛大学（Harvard University）"。哈佛大学经历 370 多年，在发展历程中不断变革、创新、与时俱进，由一所北美殖民地的小学院，发展成为一所世界瞩目的一流顶尖私立综合性研究型大学。以哈佛大学作为案例大学，对其学科生态生成与治理的演变过程进行研究，具有典型的代表性。

一、学科知识生态

（一）学科知识结构由以神学为主演变到基础学科和应用学科协同发展

在哈佛学院 1636 年建立初期，受宗教文化影响主要以神学学科为主。西方文化有 3 个源头：希伯来教义、希腊哲学和罗马法典①，古典人文精神浓厚。中世纪以后，教会的权力超过世俗王权，西方文化的核心便系统而完整地体现了宗教精神，哈佛学院所在的马萨诸塞州在 17 世纪是英国的殖民地，殖民者带来了欧洲的宗教文化、中世纪大学的传统文化和古老的自由教育理念，中世纪大学的文、法、医、神四科都被带到了殖民地大学中，尤其是英国清教徒在与国教的斗争中处于劣势，纷纷逃离本土来到海外殖民地，给殖民地区域带来了浓厚的宗教文化，随着殖民地发展政治、经济的需求，以及清教徒们注重建立教堂、学校以传承他们所信仰的宗教，哈佛学院在 1636 年建校，教育目的是培养信仰宗教、掌握宗教知识、能够传播宗教信仰的牧师、地方官员等，因此在建校后 100 年左右的时间里，哈佛学院学科知识生态的核心是神学，宗教氛围浓厚，教学科目主要是逻辑、语法、修辞、数学、几何、天文、音乐七艺，开设希腊文、拉丁文、希伯来文等古典人文学科，作为学习神学的基础。受欧洲启蒙运动和产业革命的影响，进入 18 世纪后自然学科开始逐渐发展，数学、化学、天文学、物理学等学科进入哈佛学院，推动了哈佛学院的学科知识生态朝世俗化方向发展。

1776 年美国独立后，依附于欧洲文化的现象逐步得到改变，根据当地发展的情况进行扬弃，形成了具有美国特色的实用主义文化。1787 年，美国《宪法》第六条明确提出，政府人员不必经过任何宗教测试。将政治与宗教分

---

① 袁曦临. 人文社会科学学科分类体系研究 [D]. 南京：南京大学，2011：32.

离，国家也迫切希望改造传统殖民地学院，这使教会笼罩下的哈佛学院逐步走出宗教的桎梏，走向世俗化、民主化和科学化的道路，欧洲经过宗教改革和文艺复兴，人文主义、科学知识开始占据上风，工业革命的产生对大学和学科的世俗化起到了推动作用，在这样的文化背景下，哈佛学院形成了以人文学科和自然学科为主的学科结构，应用职业学科逐步发展。

自然科学方面物理、化学、天文、生物学等都有了较大发展，地位不断提升，1847 年设立理学院，建立了化学实验室，设立了工程学、生物学、地质学、化学等教授讲座，并设立了理学学士学位。人文学科主要是依靠大学传统积淀，古典人文课程逐渐演变，形成了由英语、德语、古典文学、哲学、音乐、美术等学科组成的人文学科，受到德国大学影响，古典文学逐渐向现代外国文学转变。应用学科的出现主要得益于外在力量的推动，随着美国建国后社会政治、经济、文化的快速发展，美国社会对专业人才的需求量不断增加。哈佛学院的医学、法学、神学由于有中世纪大学的传统积淀，在哈佛学院首先发展起来，形成了法学院、医学院、神学院，1780 年医学讲座设立，1782 年建立了医学院。哈佛学院也在 1780 年升级为哈佛大学，1816 年设立的神学院、1817 年设立的法学院，加上已有的以文理为主科的哈佛学院，共一个本科学院和三个专业学院。

南北战争清除了资本主义发展的障碍，社会世俗化、工业化、专业化步伐加快，社会思想文化发生了深刻变化，实用主义思潮兴起，科学技术渐渐成为社会发展的核心力量，生产力突飞猛进，工程师、自然科学家、工业技术人才社会地位上升，推动了自然学科、社会学科和应用学科的发展，形成了人文、社会、自然学科这些基础学科和工学、医学、法学、教育学等应用学科协同发展的学科结构。19 世纪末，法学、医学、神学、商学获得了新的活力，并且兴建了牙医学、设计学、教育学、公共卫生学等应用学科。

自然学科方面主要是化学、物理、天文学、生物、工程、数学、地质学等学科的不断发展，战争摧残后获得的和平文化环境孕育了对社会科学的研究，此时哈佛大学主要有经济学、人类学、心理学、社会学、政治学等学科，但是由于与自然科学相比市场需求小，与人文学科相比历史积淀少，因此资助不足，发展较为缓慢。1866 年，在捐资的支持下建立了考古学和人种学博物馆，开始了对人类学的研究。社会学系开始于神学院开设的实践伦理学。经济学领域，1871 年任命查尔斯·顿巴为经济学教授，建立了哈佛大学经济学系。1880 年，威廉·詹姆斯被任命为心理学教授。[①] 20 世纪 30 年代，经济危机让人们迫切希望解决经济问题，给经济学的发展创造了社会需求。人文学科方面，主要依靠学科自身的发展演变，已形成了哲学、英语、古典文学、外国语言（包括罗曼语、德语、斯拉夫语）、音乐、美术等学科。[②]

南北战争后的政治文化环境和雄厚的经济实力对高素质人才提出了需求，同时也为其创造了良好的物质文化基础，德国留学回来的教师则带来了重视学术研究的精神文化，加之 1876 年以科学研究为主的霍普金斯大学成立，为哈佛大学起到了示范作用，促进了学科科学研究水平的极大提高。"二战"时，迫切需要战争武器，战争中需要大量的高水平基础学科的成果，为哈佛大学带来了基础学科科研的红利期，物理学、化学、无线电学等发展极其迅速，围绕核物理展开的高等物理、量子物理学发展势头尤其猛烈。但"二战"对于应用学科的发展，还是造成了资金匮乏、学生不足等困扰。

由于美国在"二战"中获益巨大，物质文化迅速丰富起来，加之第三次科技革命兴起，各国都认识到了科学技术的重要性，科学技术在社会中被提高到了中心地位，推崇知识的文化风气成为西方乃至整个世界的主流，给原子能、航天、电子计算机技术、人工合成材料、分子生物学、遗传工程等高新技术的发展创造了条件，哈佛大学的自然学科、应用学科迅速发展，生物学科对人自身的关注和研究的增多，形成了分子生物学、生物化学等。1933年，哈佛大学最早进行计算机研究，"二战"后设立了计算中心，然而由于重视基础科学的传统思想文化对哈佛大学的影响，校长人文思想浓厚，信息技术学科的发展没有得到足够重视。由于美苏开展太空竞赛，哈佛大学的天文学在此背景下得以迅速发展，新的研究方向如天文物理学开始出现，物理、化学、地质学、数学、工程和应用物理学在此期间保持着强劲的发展势头。由于应用学科与社会发展需求联系紧密，且"二战"后大都克服了资金困难，

---

① 徐来群. 哈佛大学史 [M]. 上海：上海交通大学出版社，2012：156.
② 孙丽莎. 中美一流大学学科结构比较研究——以哈佛大学、北京大学为例 [D]. 长沙：中南大学，2012：19.

尤其是法学、商学、医学，资金力量雄厚，获得了迅速发展，越来越专业化，目前仍旧是应用学科中发展最好的。教育学、神学、设计学由于资金缺乏、研究重心偏移、意识形态冲突等问题，发展稍慢。

"二战"后世界交流日益频繁，以及学科发展成熟后联系性不断增强，哈佛大学各学科之间以及与其他国家之间的合作增多，跨学科和国际化趋势显著。20世纪五六十年代，比较文学诞生，20世纪70年代，商学与经济学、管理学、社会学和心理学等进行了合作，医学方面的各学科也互相加强了联系。为了使国家更加科学发展，哈佛大学研究生院建立了肯尼迪行政管理学院。

战争文化导致人们对自己生存的社会关注度提升，社会科学各学科也发展起来。20世纪中期发生越南战争，人民反战情绪强烈，加之争取民主权利等，都使关心政治成为一种社会文化，哈佛大学政治学在此阶段有所发展，拥有多个区域研究中心和国际事务研究中心。随着人们不断提高对原住民和文化的研究兴趣，加之70年代激进主义和后现代主义文化的兴起，心理学、人类学、社会学获得了快速的发展，社会人类学中的民族纷争、第三世界运动、国际主义和医学人类学等专业领域开始兴起。[①] 由于美国在"二战"中的胜利，使其一跃成为世界霸主，激发了人们强烈的民族自豪感和迫切了解历史的兴趣，哈佛大学历史学在20世纪40年代走向繁荣顶峰，后期由于教师缺乏，发展放缓。"二战"后，美国经济迅速发展，更是形成了良好的物质文化，哈佛大学经济学发展异常迅猛，成为社会学科中最具预见力的学科，后来美苏争霸局势的瓦解使美国一家独大，也成为世界经济中心。21世纪以来，全球经济迅速发展，都给经济学科发展提供了红利期。商业管理、公共管理、医疗保健、计算机和信息科学等带有实践性质的学科受到欢迎，相比之下，人文学科的发展速度放缓，英语、哲学、外国语等学科都有所衰落，规模最大、最有实力的是英国文学和美国文学，东亚及近东亚地区的语言、梵文、塞尔特语、语言学发展迅猛。[②]

---

① 莫顿·凯勒，菲利斯·凯勒. 哈佛走向现代 [M]. 史静寰，钟周，赵琳译. 北京：清华大学出版社，2007：24.

② 孙丽莎. 中美一流大学学科结构比较研究——以哈佛大学、北京大学为例 [D]. 长沙：中南大学，2012：25.

（二）学科研究方向逐步走向世俗化

建校后的 130 年左右，由于宗教氛围在整个社会中占据主导地位，神学是哈佛的绝对主导学科，因此学科的研究方向主要是面向宗教，受教会影响大，服务于教会的需要。但是由于后期社会摆脱了殖民者管控的文化氛围，以及自然科学相关学科萌芽的发展，实际上已经有了世俗化的趋势。

1776 年美国独立后，逐渐形成的实用主义文化使学科向现代科学化、专业化、实用化方向行进，但受到一定阻碍。受世俗文化影响，人文学科的研究内容有所变化，宗教相关知识地位下降，主要研究世俗人的精神、生命意义，自然学科等现代学科，已经基本成为哈佛大学的重心，但南北战争前保守文化的阻碍还较大，人文科学仍占主体地位。另外，逐渐发展的应用学科有职业化倾向，不符合哈佛大学传统的自由教育文化理念，哈佛大学对应用学科的发展持审慎的态度，这使得哈佛大学应用学科的发展较慢。

南北战争后哈佛大学实用化趋势更加明显，并且注重提高学科研究水平，向现代化发展。资本主义迅速发展，实用主义已成为美国社会的主流文化，学科与社会的联系更加紧密，应用学科焕发了生机与活力，同时，受德国研究型大学内部教学与科研相结合的教育理念的影响，并在联邦政府的政策引导和资源分配下，重视学科的科学研究，成功地实现了向现代研究型大学的转变。"二战"更是给哈佛大学创造了学科世俗化和提高学科研究水平的外部文化环境，大学将基础学科的科研置于学校发展的突出位置。由于"二战"以及后来的国家战略需要，开始出现以问题为中心的跨学科研究趋势。

"二战"后，学科的研究方向在实用化和学术化之间取得了良好的平衡，学科向跨学科、国际化方向发展。20 世纪中期，大学文化过于专门化使哈佛大学开始反思，并且在苏联卫星上天、美国反思教育问题时，社会也把原因归类为过于"专门化"，因此哈佛大学于 1945 年发表《自由社会中的通才教育》，选择回归基础教育、自由教育，继续朝着基础教育和自由教育的方向发展。但是办学资金大多来源于社会捐赠，作为推动社会前进的重要部分，大学也不得不走向社会的中心。由于大学长期的自治性和独立性的文化传统，以及教授的终身教职制度等，学术研究并没有被过度干预，而是形成了较为协调的状态，既保持了与社会的有效交流，同时仍然保持着注重学术的传统。

学科自身分化和世界联系的日益增强使学科出现了跨学科和国际化的趋势。

（三）学科研究方法从单一走向多元且自然科学研究方法占主导地位

哈佛建校初期，学科文化影响了研究方法，核心学科——神学的主要内容——古典人文课程决定了学科研究方法主要有古典语文学、《圣经》诠释学两种。前者又被称为"高级校勘学"或"解读与还原文学传统之术"，主要指对古希腊罗马典籍的阅读和研究。① 后者，则是通过二元论的象征思维方式，诠释《圣经》文本的神学寓意②，导师围绕神学教授相关的古典人文课程。17 世纪在欧洲流行的研究方法主要有实验法、归纳法、演绎法等，在哈佛大学由于自然科学的逐渐发展，也带来了一些自然科学的研究方法，如1727 年数学与自然科学讲座设立后，哈佛还购买了一批科学实验仪器，用实验的方法讲授天文、物理、化学知识。③

独立战争后哈佛人文学科延续了其自身的研究方法并有所发展，研究方法核心是理解、解释、体验。在 17 世纪时伽利略通过一系列的行为证实了"以经验法得出物理理论"的谬误，在自然科学中引入了实验研究法，本时期由于自然科学得到了较大发展，因此本领域的实验研究法、定量分析、实证研究法等现代研究方法得以广泛使用。19 世纪达尔文创立的生物进化论更是在社会和学术界推动了自然科学的实证主义的流行，也影响了人类学、民族学等人文科学在研究中使用实证的方法。

19 世纪后期，受德国高等教育文化影响，美国引入了三种科学研究方法——实验室操作、专题讨论、学术讲演，哈佛进行了专题讨论的尝试。内战之前没有大型图书馆，学院制度也不需要大型图书馆，内战后，学科的教育规模、质量大发展，物质文化充足，哈佛大学的图书馆也获得了迅速发展。哈伯（Hubble）认为"对于每一个学科……实验室和图书馆的方法现已都完

---

① 约翰·埃德温·桑兹. 西方古典学术史 [M]. 张治，译. 上海：上海人民出版社，2010：6.

② 陈文忠. 论人文学科的学术方法 [J]. 安徽师范大学学报（人文社会科学版），2016（3）：205.

③ 姜文闵. 美国哈佛大学 [M]. 长沙：湖南教育出版社，1988：27.

全占有支配地位"①。由于社会科学此时正处于初生时期，因此借鉴了自然科学、人文科学的部分研究方法，将实验法与文献研究法、历史研究法等相结合，引入了自己的研究领域。1866 年考古学和人种学博物馆创造了博物馆与院系合作的教学模式。由于出现了新兴交叉学科和跨学科的研究，许多研究都是多科性的以问题为中心，因此各学科的研究方法也在综合交叉使用。

进入 21 世纪后跨学科文化逐渐成为学科文化的主流，因此各学科之间的交流增多，学科互相借鉴理论和研究方法成为常态，以问题为中心进行科学研究的时候，大多综合使用多种研究方法。

二、学科组织生态

（一）学科组织形式从讲座演变到学系再到学院

美洲殖民地社会的特殊文化性质、清教徒推崇俗人应该参与社会机构的管理与决策以及殖民地建立时间短且学校财力有限，这些文化特点综合促使了哈佛组织管理方式与欧洲大学传统的大学自治模式完全不同，它不是英国剑桥大学那样自下而上由学者团体慢慢发展，自发形成的学院，而是由外部力量和在外部的政策指导下建立的，通过一系列特许状这样的制度政策，形成了哈佛学院"两会一院"的管理形式，大学的管理权集中于外部的殖民地政府和教会。但哈佛内部的办学形式，如古典课程内容、讲座制、管理条例、学位条件等还是借鉴了英国的剑桥大学，以七艺作为主要教学课程发展神学学科。

建校最初时期学科分化程度相对较低，主要是由院长和几位年轻教师给全体学生讲授全部课程，直到 1721 年，才开始聘请具有渊博学识的教授负责神学、数学和哲学学科的专门讲授，绝大多数教授由校外聘请，聘期相对较长，并在 18 世纪后期演变为终身职业。到了 18 世纪 60 年代，由于受到苏格兰大学实行的分科教师制度的影响，加上在日常教学中一些水平有限的导师实在难以应付所有科目的教学，哈佛学院便采取了一位导师只负责某一特定

---

① John S. Brubacher, Willis Rudy. *Higher Education in Transition* ［M］. Harper &Row, 1976：188.

科目的办法，并通过学系来相互区分，但是这时的学系还很难算作严格意义上的学术组织，更像是为了方便管理而对教师进行分类的标签，但是确也反映出了教学的专门化趋势和教师群体的合作意识。①

19 世纪学系趋于组织化，并形成了新的大学内部治理结构。19 世纪 20 年代，留德国归来的哈佛教师蒂克纳（Aztec）倡导用学系制代替年级制来重新安排课程和组建班级，适逢哈佛大学爆发学生运动抵制落后教学与严苛管理制度，教师群体对自身被排斥于董事会之外也愈加的不满，于是 1825 年，出台了新的《哈佛大学宪章》，明确了学系在大学中的地位，各个学系之间不是相互独立的，而是统一于文理学院。美国大学文化氛围更加民主、规模更大，其职能和外行治理的传统更加广泛，也使得没有照搬德国大学中教授个人权力较大、教学规模较小的讲座制度，而是继承发展中选择了更适合美国国情的学系制。每个系由正教授组成委员会，负责教学和课程方面的有关事务，系设置主任，院设置院长，组成了教授会主管学术事务——包括教学研究、决定教授任命、晋升、课程、招生、授予学位事务等，与董事会和行政官员管理行政事务分权。

随着自然科学的迅速发展，20 世纪末哈佛大学的组织架构又进行了一次重大调整，将原有的哈佛学院、研究生院与劳伦斯理学院的师资统一整合到新成立的哈佛文理学院。自然科学的学术能力和学科地位得以提升，并与人文科学一并被纳入博雅教育的框架之中，依据不同的学科领域，文理学院被划分为 12 个分部，不同分部的学科组织特性推动了各自专业领域的快速扩张，大部分分部由于自身规模较大又进一步分裂为更小的学系。② 随着学科研究不断深入，1872 年在文理学院内设置研究生系对基础科学进行研究，逐步把劳伦斯理学院和哈佛学院一些系科组成人文与自然科学研究生院，把神、法、医学院教育水平提升到研究生层次，建立了新的应用科学、工商管理等专门学院。③ 1905 年成立了独立的文理研究生院，专门从事研究生教育和科学研究，统一于原来的哈佛学院中，能够授予科学硕士、艺术硕士、科学博

① 陈廷柱，吴慰 . 学系在美国大学的诞生与发展 [J]. 高等教育研究，2018（12）：78.
② 陈廷柱，吴慰 . 学系在美国大学的诞生与发展 [J]. 高等教育研究，2018（12）：80.
③ 陈学飞 . 美国高等教育发展史 [M]. 成都：四川大学出版社，1989：73.

士、哲学博士学位。①

由于社会问题日益复杂以及学科自身分化交流产生的跨学科现象，大学中的学科组织形式也不断更新发展，哈佛大学跨学科现象主要生成发展于"二战"后，跨学科研究中心主要存在于哈佛大学专业学院与文理学院之间以及专业学院与专业学院之间。20 世纪中期后建立了很多以问题为核心的研究中心。原子弹出现以后，哈佛大学成立了主要从事核物理研究的大学委员会；美苏争霸期为了研究苏联的政策及行动并做出科学的反应，1947 年在卡耐基基金的资助下哈佛建立了俄罗斯研究中心；为了增强与发展中国家的联系，加强国际影响力，1957 年哈佛在福特基金会资助下成立了国际事务中心。另外还有东亚研究中心、中东研究中心等，都成了世界学术中心。有的通过设立双学位项目进行跨学科合作，还有的通过跨学科实验室进行跨学科合作。

（二）学科制度逐步在社会及大学需求间取得平衡

所有的大学都需要管理体系以使其正常运转，由于建校初期大学的制度根植于殖民地这一特殊社会文化背景下，相关制度没有为哈佛学院学科生态发展创造独立、自由、健康的文化环境，17 世纪末期哈佛还遭遇了合法性危机，同时由于被宗教文化深度侵染，强化教会管控大学，使大学内部所有事务包括学科受教会的影响很大，具有强烈的宗教性，从而巩固了神学学科一家独大的现象。具体来说，马萨诸塞州殖民地议会 1637 年建立了哈佛校监委员会，作为外部治理机构负责哈佛的管理，主要由州长、牧师等外部人员构成，拥有大学的决策权，1642 年通过《关于设立哈佛学院监事会的法案》建立了正式监事会，1650 年马萨诸塞殖民地议会向哈佛学院颁发了特许状，并且成立了董事会，负责学校的资产管理和内部治理，哈佛学院的法人地位得以初步确立，哈佛大学的"双会制"管理也得以初步形成。1650 年通过了任命哈佛院长和职员的条例，形成了院长行政系统负责具体实施董事会和监事会决定的管理架构。

美国独立带来了自由、民主的文化氛围，1780 年马萨诸塞州议会通过

---

① 崔乃文．文理学院模式为什么独存于美国大学体系？［J］．复旦教育论坛，2018（3）：56.

《马萨诸塞州宪法》，对哈佛学院权力、财产、特权及监事会权力予以了永久性确认，与建校初期相比，提高了哈佛学院的法人地位①，保障了学科生成与发展的外部环境。19世纪以来哈佛"双会制"发生了变动，董事会由于自治时间久，权力逐步增大，监事会权力向董事会转移，现代哈佛大学逐渐形成了董事会制度，随着社会世俗文化影响日益加大，董事会成员的组成也发生了变化，牧师逐渐退出，商人、律师逐步加入，组织成员的构成呈现多元化趋势。来自不同行业的董事可以摆脱学校观念的束缚对学校的重大问题进行决议，从不同的角度出发分析问题，能够更加全面地考虑问题且更容易满足各方利益相关者对学校的期望，从而拉近学校同社会的关系，也能够影响学科的设置和发展，能针对社会现实各方面需求进行及时调整。

实用文化促使19世纪后期联邦政府批准了《莫里尔赠地学院法》《哈钦法案》及《第二莫里尔法》等一系列法案②，促进了农学、工学、机械等职业学科发展，虽然对哈佛没有直接的影响作用，但是社会的实用风气以及对学科需求的实用性倾向使哈佛也开始不得不逐渐重视实用学科、职业学科的发展。自然科学等实用知识快速发展，学科知识也在不断分化，选修制度在美国大学的推广也促进了学科知识的进一步分化，亟须一种学科组织制度来提供相应的支撑，通过学习德国并加以扬弃，形成了美国特有的学系制度，哈佛大学1891年前后推进学系化。专业教育与哈佛传统的自由教育理念不符，在哈佛学院内部逐步产生了理念的对立，但是文理学院的学者与思想家是深受苏格兰启蒙思想影响的，具有十分强烈的经验主义思想倾向，认为古今学术是可以并存共生的，③ 最终实现了现代学术在古典文理学院中的软着陆，古今学术之争在文理学院内部得到解决。

20世纪以来董事会制度稳定发展，并且社会企业代表越来越多地出现在董事会成员中，能更多考虑社会的利益并保障大学为社会服务，加强了学科与社会的联系。由于社会与大学联系逐步加深，普西（Pusey）、博克（Bok）

---

① 李子江，李卓欣. 哈佛大学章程溯源 [J]. 大学教育科学，2013：73.

② 乔卉. 美国哈佛大学资金筹措方式研究 [D]. 北京：首都师范大学，2007：20.

③ Ben-David J. *Centers of Learning*：Britain，France，Germany and United States [M]. New York：Mc Graw-Hill Book Company，1977：78.

等校长都在校内实行了普通课程、核心课程、专业课程等课程改革，向本科生提供广泛的学习领域，加强了学科生态的应用性、融合性。美国社会是分权联邦制，美国大学在长期发展过程中也形成了自治权力较大、学术自由的大学文化，各大学拥有切实的学科设置权，能够根据社会发展情况和大学学科自身的发展状况自由设置调整学科，在这样的大学文化影响下，美国的学科分类是"由下而上"的，许多学科先在大学中生成发展，之后逐步进入了统计局的美国学科专业分类目录（CIP）。分类目录（CIP）由美国国家教育统计中心编制，并由教育部发布，客观反映了美国当前学科专业相关最新信息和最新发展，在制度上给学科的自由发展创造了有利条件，国家不对学科进行强制规定，而是根据大学中学科的发展情况进行指导性归类，在教育统计、教育评价方面发挥作用。CIP 于 1980 年首次颁布，多次修订，现行CIP2000，主要结构是学科群——学科——专业，并充分重视学科的综合发展，在各个层次都有专门为综合学科设置的专门代码，还有为逐渐增加的新兴学科设置的专门代码。①

随着国际化的演进，美国力图获得更多的世界话语权，1966 年颁布《国际教育法》，通过大力支持高等学校国际问题和区域问题研究，促使了以问题为中心的跨学科研究。美国国家科学院和美国大学联合会在 2005 年联合发表《促进跨学科研究》（*Facilitating Interdisciplinary Research*）介绍了美国大学在促进跨学科研究的各种政策战略。② 其中教授双聘制度即一位教授同时受聘于多个院系就是较为有效的策略。比如，哈佛大学文理研究生院，物理系与工程与应用科学学院合聘，人文学科方面的非洲与非裔美国人系（20 世纪 60 年代学生运动的产物）与音乐系、英语系、历史系、经济系合聘。③

（三）学科资金来源以社会捐赠为主且国家投入逐渐增多

哈佛大学建立初期，私人捐赠作为大部分资金来源，为哈佛学院的学科

---

① 张振刚，向敛锐．美国高等教育学科专业分类目录的系统研究［J］．学位与研究生教育，2008：21.

② 项伟央，刘凡丰．美国大学"双聘制"的困境与密歇根大学的实践［J］．教育发展研究，2010：63.

③ 徐来群．哈佛大学史［M］．上海：上海交通大学出版社，2012：180.

发展提供了坚实的物质条件，殖民地政府虽有资助但较少。西方人的宗教信仰观念浓厚，基督教提倡"博爱"思想，因此人们之间大多互相爱护，同时基督教原罪观点主张社会中的每个人都是有罪的①，只有不断行善积德才能得到上帝的原谅，因此慈善就演变成基督教徒"赎罪"的一种形式，久而久之，社会捐赠变成了西方的传统。来到殖民地的清教徒也具有这种特点，在社会上形成了捐赠文化，其中教育捐赠是主要形式。1638 年，作为建校人之一的清教牧师约翰·哈佛（John Harvard）捐赠了自己的一半资产——780 英镑和 400 本书籍给哈佛学院，有力地支持了这所初生学院神学的发展，这也是哈佛学院接受捐赠办学的源头。后续外界捐赠使得哈佛设置了各科教授席位，极大地左右了学科的发展。宗教文化是社会主流文化，但也受到了启蒙运动的影响，所以还是有自然学科出现，富商霍利斯（Hollis）捐赠巨款设立了两个教授讲座，即 1721 年神学讲座和 1727 年数学及自然科学讲座教授席位；1765年，收到托马斯·汉考克（Thomas Hancock）捐赠的 1000 英镑，设置一个教授讲座进行东方语言的教学研究；② 1764 年，哈佛大学大厅因管理不慎毁于大火，各方纷纷捐赠，捐赠物资主要是书籍和实验仪器。

1819 年达特茅斯案件的判决导致美国公私立大学的分野，巩固了文化机构的稳定性以及不可侵犯性，也迫使各个高校在公立和私立之间做出选择，在此之后，哈佛大学走向了私立道路，不能从政府得到直接财政资助。本时期社会慈善捐赠仍然是主要资金来源，并且对大学的学科生成和发展产生了一定影响。经过长期发展，美国社会形成了"个人主义"和"企业公民"的文化理念，社会捐赠作为一种为广大民众所接受的美德，建国之后，美国在教育捐赠方面更是建立了一系列法律法规，促进民众捐赠。精神文化和制度文化综合作用形成了美国社会集资办大学的显著文化特点。捐资主要用于兴建图书馆、博物馆、档案馆以及建设学院，向学院捐赠的倾向性则成了社会文化影响学科发展的一个重要方式，捐资主要投向了生物、化学、医学、教育学等方向，多数学院也都是靠巨额捐赠建立的，如医学院、肯尼迪政府学

① 郭志娟. 中西方慈善文化差异研究 [J]. 经济研究导刊，2019（3）：193.
② 徐来群. 哈佛大学史 [M]. 上海：上海交通大学出版社，2012：76.

院、教育学院还有劳伦斯理学院（生物、工程、化学、地质），而非定向的捐款则由校长决定投入哪些学科的发展，此时，校长的办学理念起到了较大作用，昆西（Quincy）投入了理学相关学科，艾略特（Eliot）偏向于应用学科，洛厄尔（Lowell）在基础教育方面较为重视。由于重视校友文化建设，1840年成立了校友会，除了对特定学科（一般是自己毕业的学院）的捐赠外，还有对整体大学的捐赠。

20世纪以来，美国在工业化的进程中逐渐形成了一些大规模的私人财团和私人企业，因此各种捐赠在南北战争以后剧增，主要通过成立基金会进行捐赠，如卡耐基基金会、福特基金会等，大规模的捐赠被投入基金会中，基金会对现有大学进行资助，主要是著名的大学。企业资金的流入加强了学科生态与社会的联系，在生物医学、计算机科学等领域，以及商业、法律等社会科学领域投入较大。"二战"前，联邦政府基本不对私立学校拨款，主要资助赠地学院和公立院校农业、自然资源方面的学科；"二战"期间政府为了满足战时需要，促进武器研发，增加了对研究型大学的拨款。政府拨款通过扶持科学研究和资助学生就读两种方式，对科研的资助力度对学科生态造成一定倾向性影响，资助科学研究，主要是围绕国防建设的基础科学研究，促进了哈佛大学物理、化学、生物等学科科学研究的快速发展，尤其促进了研究生教育的发展。20世纪哈佛大学校长募资数额巨大，数量增长迅猛，洛厄尔（Lowell）、科南特（Conant）、普西（Pusey）、博克（Bok）、陆登庭校长在任期间都募集了大量社会资金，艾略特（Eliot）倾向于将资金投入应用学科以及各个学科的科学研究方面。洛厄尔（Lowell）则在扩张学校建设方面颇有成绩，为学科发展创造了物质条件。

"二战"后全球科学技术迅猛发展，联邦政府为了能在世界上推行其霸权主义，增强军备竞赛能力，提高经济实力，保持科技水平领先的优势，先后通过了一系列高等教育立法加大对高等院校的经费支持。苏联卫星发射成功直接促使美国1958年颁布了《国防教育法》，高等教育成为联邦资金支持的重点，尤其是军事武器相关的自然学科和以社会问题为中心的相关人文社会学科，促进了20世纪中后期哈佛大学基础学科以及以问题为中心的跨学科方面的科学研究。到1965年，美国国会通过《高等教育法》，对高等教育进行资助，同时联邦政府通过各种专门法律鼓励各个企业、慈善团体和个人支持高等教育，给学科发展提供物质条件。由于经济实力的增强，联邦政府通过同学校签订各种各样的研究合同，大力支持高校主要是哈佛等高水平研究大学的科学研究，提高了哈佛大学的科学研究能力，主要拨款给医学、公共卫生、文理学院方面，医学受益最大。哈佛科技项目的经费主要都是通过联邦政府申请的，社会科学项目经费一半以上也是由联邦政府支出的，人文学科的项目经费则主要来源于民间基金和捐款。①

（四）学科交流网络由依附欧洲演变为以自身为核心

1640 年建校初期由于处于殖民地社会，没有独立的政治、经济、文化地位，大学学科也处于发展初期，发展较为缓慢，学科间交流网络尚未成形。1780 年，由于建立了医学教授讲座，促进了植物学和化学的研究，教授们通过开展不同的科学研究，并将研究成果写成著作在北美和英国的学术刊物上发表，以此达到广泛的交流②，这样也扩大了哈佛自然科学的影响力。

美国独立后，随着学科发展的成熟以及便于交流，需要形成学术团体以及学术期刊等交流平台。而本时期社会和大学的物质文化以及科学知识的快速发展都推动了学科交流平台的出现，19 世纪末大学出版社开始出现；进入 20 世纪以后，伴随着日益迅速的信息传播，大学出版机构的发展速度大大加快，1948 年共有 35 所大学设有出版社，选择出版物的主要标准是学术质量；而不是商业利益。③ 出版社能够传播学术成果，增强学者和学科的学术影响力。由于欧洲学术界的影响和美国学者队伍的发展壮大，数学、历史、经济、化学协会等学术团体出现，随之还有学术刊物的创办，到 20 世纪初期，大学的每个主要学科基本都有自己的学术刊物。④ 1922 年创建的《哈佛商业评论》，是哈佛商学院的标志性杂志，建立之初，它的使命就是致力于改进管理实践。还有《哈佛政治评论》《哈佛教育评论》《法律史研究》等。⑤ 哈佛的

---

① 乔卉. 美国哈佛大学资金筹措方式研究 [D]. 北京：首都师范大学，2007：49.

② 姜文闵. 美国哈佛大学 [M]. 长沙：湖南教育出版社，1988：27.

③ 陈学飞. 美国高等教育发展史 [M]. 成都：四川大学出版社，1989：77.

④ 同上.

⑤ 姜文闵. 美国哈佛大学 [M]. 长沙：湖南教育出版社，1988：60.

学科交流网络日益丰富且水平较高。

三、学科人生态

（一）学者的思想日益解放且发挥着愈加重要的作用

建校后至 18 世纪初，由于殖民地宗教文化浓厚，马萨诸塞州教会的权力以及影响力也较大，因此大都是牧师担任哈佛院长，院长自然而然具有强烈的宗教思想观念，大学也就间接受到宗教团体——基督教公理会的控制，内部的教学、课程等都具有强烈宗教气息，宗教知识在大学中地位很高。1708年，开始由非牧师的约翰·莱弗里（John Lavery）担任哈佛学院院长，这是教义统治转向学术自由的转折点。此后，哈佛院长（校长）思想日益解放，重视实用的自然科学的作用，对学科生态的现代科学演变起到了正向作用。

19 世纪初，美国独立建国后渴望脱离宗教束缚，实现政治、经济、文化各方面的独立，社会文化朝世俗化发展，同时留学德国的学者也带回了重视科学技术和科学研究的思想观念，通过哈佛大学的校董会制度，校董会选择了符合哈佛发展方向的昆西（Quincy）作为校长，昆西（Quincy）注重发展自然科学，在哈佛大学成立了理学院，创办了天文台，推进了相关学科的设立，受到实用主义文化影响，还在 1841 年正式实行了选课制——学生无须必修语言类课程，可以选修现代语言、自然科学、外语、历史学等课程，但受到古典课程教授反对，选课的数量较少。

19 世纪中后期，南北战争使社会形成了注重实用的风气，艾略特（Eliot）校长也具有实用主义思想，使法学院、医学院获得了新的活力，并且持续推进课程选修制促进了自然科学和应用科学的发展，但仍保持了文理学院模式。洛厄尔提出"集中与分配"制，加强了自由教育的理念，平衡了艾略特的专业化发展趋势。洛厄尔募资用来扩张校园建设，实行住宿制度，使大学内有了一个小型学院环境。科南特就任前的哈佛大学在教师科学研究方面不够重视，主要关注教师教学能力，因此对学术科研不够重视。在这样的文化影响下，校董会选择了科南特担任校长，科南特非常重视教师科学研究能力的提高，实施"非升即走"策略，使教师的学术积极性和学术水平有了极大提高，并在哈佛大学建立了终身教职制度，有力地保障了教师的学术自由，促进了学术知识发展。"通与专"的文化争论在哈佛一直没有得到非常好的处理，科南特主张在保持学术优势的基础之上加强对国家和社会的使命意识与责任感，实施普通教育，协调了"通与专"的矛盾，为哈佛大学学科生态向现代化迈进起了很大的助推作用。

由于科南特在筹资方面不突出，因此哈佛物质文化发展受限，而普西在任时在筹资方面卓有成效。受国家战争需求影响亟须基础科学的研究成果，普西主要扩张文理学院，人文、社会、自然科学相关学科在二十几年间得到了迅速发展，并且保持重视科学研究的传统。2002年萨摩斯校长则是处于全球化的社会文化背景下，从国家文化利益出发，注重课程国际化、学科国家化，增强了哈佛大学学科的世界影响力。

（二）学者团队的来源由单一走向多元且权力逐步扩大

在建校初期，由于殖民地的政治经济各方面不发达，教师来源也不稳定，教师一般都是从教士中临时聘用并且数量少，他们不是掌握专门知识的学者，学术水平相对专业学者较低，知识范围局限于与宗教相关的神学知识以及人文课程知识等。进入18世纪后，随着自然科学的发展，专业教师数量增加，物理、化学、天文学等学科教师被聘请为讲座教授，教授能讲授高深的专业知识，有力地促进了相关学科的发展，同时教师的权力也逐步扩大，1720—1725年，分管了招生、纪律、教学，形成了教授会，专门负责学生的学术事务管理，一定程度上提升了教师地位；1754年后，逐渐在改进教学、提高课程质量方面独立行使权力。18世纪，波士顿商人阶层影响力也逐步扩大，渗透进入了哈佛委员会，促使学科生态向世俗化转变。

美国建国后，随着社会政治、经济、文化各方面的发展，世俗化倾向越来越显著，学科知识不断细化；加上学生数量增多，全科教师在现实中变得不切实际，教师专业化趋势由此萌生发展，大学教师知识的精深和专业取代了原先知识的广博性和互通性，反过来也强化了学科分化，学科不断生成主要发生在这一时期。专业教师群体的不断发展壮大使他们要求恢复其在专业领域的权力，尤其是开设课程、进行教学的权力，最终1825年前后教师获得了与学生考试、纪律、选拔、教学相关的学术权力，有利于学科的发展。教师还成为董事会一员，能够参与学校管理和决策，后来艾略特时期将任命教授的权力下放，建立了学术委员会，负责任命教授，使教师有在自己专业领域的教师人选权，这都是有利于学科发展的条件。

南北战争后，随着学科知识的分化，以及哈佛大学推行选修制，教师逐步朝着专业化发展。19世纪末，教师们在开展教学活动、制订课程计划、管理学生纪律、推荐学位候选人方面具有了更大的自主权，并且教师能更多地参与到学系同行的聘用与晋升决策过程中，意味着教师成为学系再造的重要力量，是教师学术治理权扩大的重要体现。①

"二战"后，全球的联系更加紧密，使得哈佛在教师招聘时能更加便利地从全球选拔教师，同时反种族主义文化的逐步流行也使哈佛选拔教师摒除了种族观念，能够选拔出最具真才实学的高水平教师。学科从高度分化走向学科融合，形成了综合性的学科文化，也使得教师们逐步从事跨学科研究。

---

① Shilse. *The Order of learning in the unitedstates: the ascendancy of the university* [M]. OLE-SONA, VOSSJ. The organization of knowledge in modern america. MD: johns hopkins university press, 1977: 19-47.

第六章

文化视野中一流大学学科生态的生成机理

第一节　文化视野中我国一流大学学科生态的生成机理

文化作为潜移默化的影响因素在学科生态发展中起着重要作用，主要通过对学科知识生态、学科组织生态和学科人生态发展的动态调控，进而影响大学学科生态发展进程。

一、学科知识生态的生成在文化层次上主要受社会文化和大学文化影响，在文化维度上受制度文化和精神文化影响较大

我国大学学科知识生态总体上是在西方列强入侵的社会文化背景下发展起来的。在文化层次上，受社会集权文化影响较大，学科发展较多地依赖于政府的行政引导；另外，不同的高校其大学文化具有差异性，也在很大程度上造成大学学科知识生态的差异。在文化维度上，高等教育产生之际受封建集权的制度文化和救亡图存的精神文化的影响，比如，国民政府时期对实用学科的推崇和院系调整时对工科的支持，学科知识结构和研究方向更多地在政府的制度引导下发展，更为关注社会需求，而且受中西方高等教育发展差异的影响，不断学习西方国家的高等教育发展模式，各高校学科知识生态发展具有阶段化的同质性。另外在大学发展中，各高校也形成了独具特色的大学物质、制度、精神和行为文化，因此在不同的大学文化的影响下，各高校学科知识生态发展也有一定的差异性。

学科知识结构方面，清末外国的突然入侵导致了外国社会文化、大学文化的入侵，对我国大学学科知识结构产生了巨大影响，传统经学学科走向衰落，现代学科逐渐发展，其中社会实用主义文化和大学分科文化是主要影响因素。民国时期学科知识结构主要受到当时社会性质以及德国、美国等西方大学文化影响，如取消经学学科、提升学科研究层次，新中国成立后学科知识结构在整体"学苏"文化影响下，直接受到了国家的计划指令调整，构建专门化的学科知识分类。改革开放后，重新进入的西方社会文化、学科文化成为学科知识结构变动的主要力量，实用、自由文化使得学科知识结构更加多元，物质文化的丰富也为高层次科研提供了条件。例如，清华大学学科知识结构在庚款办学的社会文化背景和追求教育独立自主的大学精神文化影响下，从初期仿照美国学科模式从事留美预备学生的培养，逐渐发展到探索真正意义上知识的大学，学科知识结构不断扩充并强调综合性发展，在崇尚理工的大学精神文化氛围中，工科是学科知识结构中规模最大、最突出的学科领域。华东师范大学是新中国成立后在国家管理的社会制度文化下逐渐发展起来的，在追求师范性和学术性相结合的大学精神文化影响下，华东师范大学学科知识结构从最初的文理学科发展到多学科综合发展阶段。

学科研究方向方面，清末受西方现代工业文化涌入的影响，学科研究方向从传统的抽象理论朝现代实用主义骤变。民国后，研究方向主要受西方大学文化影响，主要方式是学科人受到西方文化观念的影响，归国后在教学实践中实施自己的理念，北大受蔡元培思想影响研究方向偏向基础研究。新中国成立后，社会文化成为社会各项事业的主导影响因素，受高等教育为社会服务的社会文化影响，学科研究更加关注经济发展需求和社会发展需要，重视应用性，大学文化和学科文化中"重术轻学"的思想较为明显。改革开放后，社会文化和学科文化成为学科研究方向的重要影响因素。研究方向趋向实用化、综合化，研究方法也朝综合化发展。从三所案例大学学科研究方向调整来看，大体上经历了从基础研究向应用研究的转变，并在大力加强应用研究的同时关注基础研究的重要价值；而且根据学科文化的差异，应用研究方向有所不同，比如，人文社会科学主要服务于国家文化软实力提升的需要，自然科学主要满足社会经济发展需求。

学科研究方法方面，清末在被迫学习西方社会文化背景下全面模仿西方，西方学科研究方法伴随着学科的引入在我国逐渐发展，学科研究方法从对传统经验的总结转向对知识内在逻辑的关注，实验研究、实证调查研究方法曾一度成为学科研究的主要方法。现代自然科学研究方法被引进我国，但出现了泛滥现象，人文学科盲目采用自然科学的研究方法，后续随着物质文化水平的提升，实验法、文献法等研究方法的使用更加便利。新中国成立后，受社会和大学物质文化的影响，随着物质财富的不断丰富，实验室、图书馆等学科物质资源的充实，加之学科知识不断综合化，学科研究方法之间交流互鉴趋势明显。进入 21 世纪后，随着现代科技知识的发展，研究方法更多的是基于学科文化的发展而变化，但是大部分情况下学习西方较多。

二、学科组织生态的生成在文化层次上主要受学科文化影响，在文化维度上受制度文化和精神文化影响较大

我国大学学科组织生态是学科在实践中形成和不断调整的，在文化层次上受学科文化影响较大，在文化维度上主要受学科制度文化和精神文化影响较大。在"西学东渐"的社会文化背景下，中西方学科发展存在较大差异，这时学习西方已初具规模的学科制度和学科发展模式成为我国学科发展的重点，我国学科组织形式、学科制度规训等都是在这一时期初步建立起来并逐渐发展的。目前随着学科制度文化的逐渐成熟，我国也在不断探索自己的学科组织生态发展模式，并在学科精神文化影响下进行学科组织生态的动态调整，使之更加开放化和规范化。

在学科组织形式方面，受西方学科制度文化影响，自西方列强入侵以来不断学习西方国家的学系、学院制，新中国成立后学习苏联的系—教研室模式，改革开放后开始对学科组织形式进行调整，重新学习欧美学科组织形式，但此时更注重对学科发展实际情况的把握，使学科组织发展更适应社会和学科发展需要。例如，北京大学的学科组织形式由分科大学逐步演变至学部，清华大学学科组织形式经历了学堂、校—系、校—院—系、系—教研室、校—院—系等发展阶段，华东师范大学学科组织形式经历了系—教研室、校—院—系、学部和学院并存等发展阶段。由此可以看出学科组织发展的共

性特征是在国家行政调整下共同学习国外学科组织形式，有较为明显的阶段化的同质性。

在学科制度规训方面，我国最早的几个大学学制以及目前的学科分类制度都在一定程度上体现了西方学科制度文化的影响，如学习日本学制、美国学制、苏联学制等。改革开放后学科制度在学习英美学科制度的同时更加注重学科发展实际，学科制度文化逐渐丰富，形成了较为完整的学科管理制度和学科发展规划，建立了较为完善的学位制度、学科分类制度、学科准入制度、学科评估制度等，为学科生态发展提供了制度保障。

在学科资金来源方面，新中国成立前政府是高等教育的主要办学者，新中国成立后政府是高等教育的唯一办学者。这一过程中社会制度文化是影响学科资金来源的重要因素，学科主要依赖于政府财政拨款。在国民政府时期和新中国成立前期，受国家崇尚理工的制度文化和精神文化影响，学科资金较多倾向于理工学科，这一时期奠定了清华大学工科发展的基础。华东师范大学由于以文理基础学科为主，在获取资源上处于相对劣势的地位，学科生态发展的差异性也从这一阶段逐渐凸显出来。改革开放后，由于物质文化的逐渐丰富以及国家对高等教育发展的重视，在多元开放的社会文化背景下，学科文化逐渐开放化，不再单纯依赖国家财政投入，开始探索多元化的学科资金来源方式，通过学科资源合理配置促进学科生态发展。

在学科交流网络方面，随着西方学科文化的逐渐深入以及我国学科分类制度的不断细化，学科交流网络逐渐构建，以学科为分类标准设立学术期刊、学会组织等。改革开放后在学科物质文化和制度文化逐渐丰富的影响下，"文革"以来受到压抑的学科精神文化得以极大解放，各种期刊、社团等纷纷兴起，学科交流网络的构建更加精确化、集中化、多元化。随着学科发展的成熟，交流网络不断扩大，但是我国自己创办的高质量学会、期刊还不够多，高水平会议也较少，权威期刊、高层次会议等主要集中于欧美发达国家，说明主要还是以西方的知识创新为核心。

三、学科人生态的生成在文化层次上主要受社会文化影响，在文化维度上受制度文化和精神文化影响较大

我国大学学科人生态在文化层次上受社会文化影响较大，在文化维度上受社会制度文化和精神文化影响比较大，学科人作用的发挥依赖于国家办学自主权的赋予。在不同的历史发展阶段学科人作用的发挥也存在一定区别，在国民政府时期，社会制度文化对高等教育的制约较少，在社会精神文化上"教育救国"思想明显，学科人作用得以有效发挥，促进了学科生态的发展。在计划经济时期，受社会制度文化和精神文化影响，国家对高等教育加大控制力度，学科人作用发挥得到限制。改革开放后，国家行政治理能力不断提高，开始对高等教育放权，在制度上给予高校一定的办学自主权，学科人作用发挥受到一定保障。

在学者方面，校长的办学自主权受到行政权力的制约。大学校长是在行政任命下产生的，在学科发展的特定时期，比如，20 世纪 50 年代全国范围内学科专业调整时，大学校长自主权的发挥非常有限。受社会制度环境制约，在一定情况下校长虽不能左右学科建撤，但校长的视野以及决策能力对学科生态发展至关重要，比如，在蒋南翔校长的推动下形成了清华大学工科发展优势，刘佛年校长完成了华东师范大学以教育学科为主的学科生态布局，将教育学科办出了特色。

在学者团队方面，从学科发展历史来看，随着学系制度的建立，逐渐形成了学科知识专门化发展的学科制度文化，在此背景下专业化的学者队伍也随之发展起来；而且随着学科文化的逐渐深化，学科也在不断寻求学科话语权，不断提升学科显示度。民国时期，在动荡的社会文化和宽松自由的大学文化影响下，学者来源广泛且主观能动性得以较好的发挥，出现了素质较高的学者团队。新中国成立后，受国家整体计划经济文化影响，大学诸多事务都需要服从国家安排。20 世纪 50 年代受社会制度文化影响，各高校逐渐形成了学科发展的重点，学者团队也逐渐集中。比如，北京大学院系调整后学者团队主要集中于文理学科，清华大学团队主要集中于工科，华东师范大学主要集中在文理学科和教育学科。改革开放后，随着自由、民主文化的逐渐流

行，学者团队自身的结构不断优化，水平也在不断提高。但总体而言，具有世界影响的学术领军人物偏少，学者团队影响力相对较弱。

第二节　文化视野中的英国一流大学学科生态生成机理

一、学科知识生态的生成在文化层次上主要受社会文化和学科文化影响，在文化维度上主要受精神文化和物质文化影响

英国一流大学学科知识生态在文化的影响下不断发展。学科知识结构在社会文化以及学科文化不断成熟的推动下由古典学科演变成文理并重的多科性协调发展，人文社科基础雄厚、自然学科发展迅猛，形成以自然学科为主线，新兴学科、交叉学科繁荣的学科知识结构。学科研究方向随着社会的不断发展以及学科知识水平的提高由学术研究为主演变成学术研究和应用研究并重且跨学科化，学科研究注重为社会服务，学科的社会化功能有所提高。学科研究方法随着学科知识的发展和物质文化水平的提高，形成人文社科和自然学科的学科研究方法相互融合的局面，研究方法多元化、科学化和交叉化。

学科知识结构在文化层次上主要受社会文化和学科文化影响，在文化维度上主要受精神文化和物质文化影响。

从文化的三个层次看，学科知识结构主要受社会文化和学科文化影响。学科知识结构前期主要受宗教文化影响，后期受社会实用文化和学科文化影响。英国大学成立初期，宗教文化是学科知识结构生成的主要影响因素，学科知识结构以神学等古典学科为主；宗教改革后，社会文化朝世俗化方向发展，工业革命后实用文化也开始兴起，学科知识结构拓展到语言、文学等人文学科以及数学、物理等自然学科，实用学科也发展起来，学科知识结构进一步完善。20世纪以来，学科知识发展水平越来越高，在社会文化和学科文化的双重推动下，英国大学学科知识结构趋于多元化、交叉化，但是在学术自由、自治的文化熏陶下，其学科知识结构的生成仍立足于学科文化。

从文化的四个维度看，学科知识结构主要受精神文化和物质文化影响。学科知识结构前期主要受精神文化的影响，后期丰富的物质文化是学科知识结构生成的主要影响因素。建校之初，在宗教思想文化影响下，学科知识结构以神学为主，随后，随着人文主义精神、科学思想和百科全书式思想的兴起，社会思想进一步解放，学科知识结构突破古典学科拓展到人文学科和自然学科。19 世纪后，科技教育浪潮再度兴起，物质文化日益丰富，同时在政府和大学的制度文化推动下，实用学科逐步发展，形成学术性和应用性相结合的学科知识结构体系，以满足社会发展对大学学科知识结构提出的要求；科学教育思想的重新兴盛推动了英国大学科学和人文的融合，建立了科学和人文并重的学科模式。物质文化的丰富为英国大学学科知识生态的发展奠定了物质基础，通过建立高水平的实验室、博物馆和图书馆，学科知识水平得到提高，推动了学科的交叉与融合发展。

学科研究方向在文化层次上主要受社会文化和学科文化影响，在文化维度上主要受精神文化和物质文化影响。

从文化的三个层次看，学科研究方向主要受社会文化和学科文化影响。学科研究方向前期受宗教文化的影响，后期受社会实用文化和学科文化的影响。英国大学初期在宗教文化的影响下，学科研究方向偏宗教性，以学术研究和理论研究为主；随着宗教改革的推进，社会文化逐渐世俗化，加上工业革命后实用文化兴起，学科研究方向突破宗教性朝世俗化、实用化发展。如今，在日益复杂的社会文化以及跨学科的学科文化影响下，学科研究方向朝综合化、交叉化发展。英国大学学科研究在朝实用化方向发展的过程中，始终立足于追求知识和学术自由的学科文化，在社会和大学中寻求平衡，形成了学术性和应用性相结合的学科研究方向，以满足社会发展的需要。

从文化的四个维度看，学科研究方向主要受精神文化和物质文化影响。学科研究方向前期主要受精神文化影响，后期受精神文化和物质文化共同影响。大学成立初期，在宗教思想文化影响下，学科研究方向偏宗教化，为教会培养神职人员；同时，在自由教育思想和精英教育理念的精神文化影响下，大学旨在追求知识本身的内在价值，学科研究方向以学术研究和理论研究为主。工业革命后至今，人文思想和科学思想涌入社会和大学中，宗教思想文化被弱化，学科研究方向克服保守的宗教主义向世俗化转变；同时，科学技术进一步发展，物质文化也逐渐丰富，学科研究方向朝实用化发展。

学科研究方法在文化层次上主要受社会文化和学科文化影响，在文化维度上主要受物质文化影响。

从文化的三个层次看，学科研究方法主要受社会文化和学科文化影响。学科研究方法前期受宗教文化的影响，后期受社会实用文化和学科文化的影响，尤其是以学科文化为生成基础。建校之初，受英国古典学科文化的影响，学科研究方法以宗教经院哲学的思辨方法为主，宗教改革后，人文思想的传播推动文献研究法、历史研究法等人文学科研究方法的发展。随后，英国科学技术迅速发展，社会实用文化盛起，自然科学的研究方法如实验法、实证法、统计法等逐渐占据学科研究方法的主流地位，学科研究方法逐渐多元化。如今，学科结构逐渐多元化，学科发展水平不断提高，形成跨学科文化，学科之间互相借鉴研究方法成为趋势，学科研究方法朝跨学科方向发展。

从文化的四个维度看，学科研究方法受物质文化影响。物质文化是学科研究方法生成的主要影响因素，随着物质文化的丰富，学科研究方法逐渐多元化、科学化。建校初期，物质文化水平相对较低，在宗教精神文化的影响下，学科研究方法以思辨为主，研究方法较为简单和基础。宗教改革和工业革命后，随着人文主义思想、科学思想以及实用文化的兴起，归纳法、实验法、实证法等人文学科和自然学科的研究方法发展起来，社会物质文化也日益丰富，推动了英国大学实验室、博物馆、图书馆的改革，为学科研究提供了充足的物质条件，学科研究方法逐渐多元化、科学化、精确化。

二、学科组织生态的生成在文化层次上主要受社会文化和学科文化影响，在文化维度上主要受物质文化和制度文化影响

英国一流大学学科组织生态在文化影响下不断创新和优化。学科组织形式在独立自治、学科知识分化发展的学科文化影响下，演变成独立学院制和学部系并存的矩阵学科组织结构，各学院独立管理，以学科分化为标准设立学部系，学院在学科综合的基础上管理，矩阵的学科组织形式不仅保持了学院的自治而且有助于学科的交叉融合。学科制度规训随着社会文化的快速发展以及学科知识水平不断提高，形成了董事会制度、大学多级管理制度、独立学院制、交叉学科学位制、学位学历互认制度等。学科资金来源在捐赠历史文化影响下，随着学科文化的成熟和物质文化水平的提高，由私人捐赠为主演变成以国家资助为主，学科创收和社会捐赠相结合，尤其是通过建立科技园，加快科研成果的转换，拓展资金来源。学科交流网络在学科知识水平提高的学科文化以及科技快速发展的物质文化影响下，学科交流的范围越来越广，层次越来越高，且逐渐国际化和智能化，形成高水平期刊、学术团体、协会、图书馆等丰富的学科交流网络，如剑桥大学的图书馆是世界上最大的图书馆之一，有助于推动学科的交流。

学科组织形式在文化层次上主要受学科文化和社会文化影响，在文化维度上主要受物质文化和制度文化影响。

从文化的三个层次看，学科组织形式主要受学科文化和社会文化影响。学科文化是学科组织形式生成的主要影响因素，后期在社会文化和学科文化的共同影响下生成。大学建立初期，在学术自治的学科文化影响下，形成独立的学院制，学院之间独立发展，拥有自主管理的权力。工业革命后，学科分化发展的学科文化和日益复杂化的社会文化是学科组织形式生成的主导因素，学科组织形式逐渐优化，形成"学院+学部"的学科组织形式，从校级层面建立学部以统筹各学院内相同学科发展，适应社会变化的需要；同时，跨学科文化推动了跨学科研究中心、跨学科实验室等跨学科学术组织的出现。

从文化的四个维度看，学科组织形式受物质文化和制度文化影响。学科组织形式前期受制度文化影响，后期受物质文化和制度文化影响生成以满足学科和社会发展的需求。建校初期，在学院自治的制度文化下形成独立的学院制，随后，德国学科制度的传入被英国迅速接受，英国大学继承和发展德国的学系制，在原本学院制的基础上形成了"学院+学部系"的矩阵学科组织模式，学科管理逐渐规范化、科学化。21世纪后，物质文化的日益丰富为学科组织形式的交叉化、跨学科化提供了物质条件，交叉学科的学位制度也为跨学科组织提供了制度保障。

学科制度规训在文化层次上主要受社会文化和学科文化影响，在文化维度上主要受物质文化和制度文化影响。

　　从文化的三个层次看，学科制度规训主要受学科文化和社会文化影响。英国大学学科制度规训前期受学科文化的影响，后期受社会文化和学科知识不断发展的学科文化影响生成。英国大学建立初期在学术自由、独立自治的学科文化影响下，逐步建立学院制、导师制等学科制度；随后，学科知识不断成熟，自然学科和人文学科发展起来，形成教授讲座制、学位制等学科制度。第二次工业革命后，社会政治、经济、文化快速发展，学科知识也不断分化和发展，学科制度逐渐完善以满足学科内部发展的需要，形成董事会制度、学分互换制度、选修制度等。

　　从文化的四个维度看，学科制度规训主要受制度文化和物质文化影响。独立自治的制度文化一直是学科制度规训生成的主要因素，随着物质文化的丰富，学科制度规训逐渐优化。建校初期，在民主和自治的制度文化影响下，大学和学院管理独立化、民主化，形成自主的学科制度规训，一直延续至今。工业革命后，社会迅速发展，物质文化水平不断提升，在政府和大学的制度文化推动下，学科制度规训基于社会和学科的发展不断优化。

　　学科资金来源在文化层次上主要受社会文化和学科文化影响，在文化维度上主要受物质文化和制度文化影响。

　　从文化的三个层次看，学科资金来源主要受社会文化和学科文化影响。学科资金来源前期受社会文化影响较大，后期受学科文化和社会文化影响，主要以学科文化为生成基础。大学建立初期，在独立自治的学院文化影响下，学院拥有独立的财政管理权，同时，宗教文化影响下形成的社会捐赠文化是学科资金来源的主要影响因素，在捐赠办学的文化传统下，学科资金来源以土地经营投资创收和私人捐赠为主。随后，社会逐渐世俗化，学科资金来源由私人捐赠转向以国家财政投入为主，同时在社会实用文化的冲击下，英国大学根据不同学科文化的特点加快科研成果转化，推动了学科资金来源多元化。由于不同学科的文化性质的差异，科研能力也有所不同，学科资金来源各不相同。

　　从文化的四个维度看，学科资金来源主要受物质文化和制度文化影响。物质文化始终是学科资金来源生成的主导因素，后期受物质文化和制度文化的共同影响。建校初期，宗教文化影响下英国教会和王室的物质水平较高，学科资金来源以私人捐赠为主，尤其是王室、王室贵族、教会等捐赠。资产阶级革命后，英国政府成为国家的掌权者，工业革命后物质文化水平迅速提高，政府成为学科资金的主要投入者，以期大学为政府和社会培养精英人才。21 世纪后，随着政府对高等教育的投入日益减少，在政府和大学的制度文化和物质文化推动下，大学从学科本身出发，通过创造社会效益拓展了学科资金来源，加强了学科与社会的联系。

学科交流网络在文化层次上主要受学科文化和社会文化影响，在文化维度上主要受物质文化和制度文化影响。

从文化的三个层次看，学科交流网络主要受学科文化和社会文化影响。学科文化是学科交流网络生成的主要因素，后期在社会文化和学科文化的共同影响下生成。英国大学成立初期，学科知识水平还不高，学科交流网络尚未形成规范的系统，随着学科知识水平的提高以及学术交流的需要，高水平的期刊、学术团体、协会、出版社和图书馆等相继形成，学科交流网络水平进一步提高，层次也迅速提升。随后，随着信息技术快速发展以及全球教育一体化的推进，依托社会文化和学科文化，学科交流网络不断扩大。

从文化的四个维度看，学科交流网络受物质文化和制度文化影响生成。物质文化是学科交流网络生成的主要推动力。建校之初，学科制度不够完善、物质发展水平也不足，学科交流网络范围较小，随着社会物质文化水平日益提高，学科发展的物质条件充足，学科制度也日益完善，学科交流网络越来越智能化、国际化，学科交流网络的规模和范围进一步扩大。社会信息技术快速发展，物质文化水平也不断丰富，大学拥有丰富的馆藏资源和网络资源，学科交流网络越来越智能化。同时，随着全球教育一体化进程的推进，政府和大学通过制定奖学金以及学分学位互认等学科制度，学科交流网络日益国际化，学科交流网络层次也迅速提升。

三、学科人生态的生成在文化层次上主要受社会文化和大学文化影响，在文化维度上主要受精神文化和制度文化影响

英国一流大学学科人生态在文化的影响下日益民主化、国际化。学者随着社会的发展以及大学制度文化的完善，在以副校长为首的多级管理体制下，治学权力得到保障，并随着宗教思想的弱化，思想更加自由开放，校长任期长、评选民主，来源国际化。学者团队在教育全球化的社会文化影响下，来源逐渐国际化和广泛化，从世界一流大学、著名企业、研究机构等聘请教师；随着学科知识的不断深化综合，学者团队的专业水平越来越高且日益跨学科化；在民主的大学管理体制下学科团队的治学权力和管理权力得到充分实现。

学者即校长在文化层次上主要受社会文化和大学文化影响，在文化维度上主要受精神文化和制度文化影响。

从文化的三个层次看，学者主要受社会文化和大学文化影响。前期主要受社会文化影响，后期受社会文化和大学文化共同影响。建校初期，校长在宗教文化的影响下，其管理具有浓厚的宗教色彩，管理权力受限于王室和教会，宗教改革后社会文化逐渐世俗化、民主化，校长从宗教中解放出来，思想越来越开放自由，其权力也逐渐摆脱宗教和王室的束缚，自主管理权力增多。19世纪后，大学在社会中发挥愈加重要的作用，大学文化成为学者生成的重要影响因素，在市场自由、开放的社会文化和自治、民主的大学文化影响下，校长的选拔更加民主，选拔的范围更加广泛，其自主管理的权力也得到有效发挥，为学科生态的持续发展提供了制度保障。

从文化的四个维度看，学者受精神文化和制度文化影响。前期受到精神文化影响，后期受制度文化影响。建校初期，校长在宗教思想文化的禁锢下，其权力受到宗教制约，随着人文主义思想和科学思想的兴起，形成民主、自由的精神文化风气，校长逐渐摆脱宗教束缚，管理权力更加自由，但大学的治学权仍集中于院长手中。后来，在制度文化影响下，通过董事会制度、校评议会改革等，大学的管理体系逐渐健全，充分肯定校长的主体地位，校长获得更多的自治权力，并能随着社会的变化迅速做出改革和应对措施，对大学的发展越来越重要。

学者团队在文化层次上主要受大学文化和学科文化影响，在文化维度上主要受制度文化影响。

从文化的三个层次看，学者团队主要受到大学文化和学科文化影响。学者团队前期主要受社会文化和学科文化影响，后期受学科文化和大学文化影响。英国大学成立初期，在宗教文化的影响下，教师主要由教会的牧师担任，虽然学科知识水平不高但比较渊博，随着学科知识不断深化发展，教师队伍逐渐专业化；同时，社会不断发展导致宗教文化被削弱，民主自治的大学文化占据主导地位，教师获得一定的学术权力。如今，随着学科知识的日益成熟以及跨学科文化的形成，教师的专业化水平越来越高，教师专业队伍也随之跨学科化，在教育国际化的文化背景下，英国大学从全球一流大学、研究机构和企业中选聘教师，教师来源更加广泛，国际化水平越来越高。

从文化的四个维度看，学者团队主要受制度文化影响。建校之初，在宗教制度文化制约下，英国大学的教师来源仅限于国教，造成师资不够和教学水平较低的现象，教师参与大学管理也受到一定的限制。宗教改革后至今，通过制度改革，逐渐形成民主、自治的大学制度文化，教师的选拔扩展到非国教教徒，教师来源进一步扩大；另外，大学的管理更加民主，越来越多的教师参与到大学管理中，教师的学术权力和民主管理权力得到有效发挥。

第三节　文化视野中的美国一流大学学科生态生成机理

一、学科知识生态的生成在文化层次上主要受社会文化和学科文化影响，在文化维度上主要受物质文化影响

学科知识结构的发展主要由神学为主演化到基础学科和应用学科协同发展。学科知识结构前期主要受英国文化影响，后期受社会实用主义文化影响生成，但仍旧尊重学科文化。美国大学成立初期，都是模仿英国大学模式设立，如剑桥大学等，知识结构以神学为主，工业革命后形成的实用主义文化被美洲迅速接受，美国建国后更是传承发扬了实用主义文化，自然科学开始发展起来；南北战争后受德国大学文化影响，各学科研究水平有所提高，同时在国内物质文化水平迅速发展条件下形成的美国特色实用主义文化，更进一步引导了学科知识向专业化发展，应用学科出现。20世纪以来，美国社会文化对哈佛学科知识生态的生成起到了巨大作用，学科的生成是建立在尊重学科文化基础上的，满足了社会发展的需求，学科知识结构多元化。

学科研究方向的发展趋势是逐步走向世俗化。学科研究方向前期受英国宗教文化影响，后期受社会实用主义文化影响生成，但契合学科文化。美国大学初期研究方向偏向宗教，后来欧洲工业革命、宗教改革的影响传入美国，美国社会迅速接受了新文化，社会文化转向世俗化，学科研究方向也克服了保守的宗教主义向实用化转变。这种向世俗化发展的趋势持续到现在，但是这个过程中仍旧保持学科文化的基础性作用，没有忽视学科自身文化，达到了学科文化和社会文化的协调统一，学科研究高水平和实用化的协调统一。21世纪以来，受社会问题越来越依赖多学科共同解决，以及跨学科的学科文化生成的影响，学科研究方向更多以问题为中心。

学科研究方法的发展是从单一走向多元，但自然科学研究方法占主导地位。学科研究方法受学科文化和社会文化共同影响生成。前期受英国学科文化影响，是西方古典学科的传统方法；后期受实用主义社会文化以及社会物质文化水平提高的影响，学科逐渐发展丰富，学科研究方法也随之多元化，自然科学学科和其使用的研究方法逐渐成为主流。

二、学科组织生态的生成在文化层次上主要受学科文化影响，在文化维度上主要受制度文化影响

学科组织形式的发展是从讲座演变到学系再到学院，学科制度逐步在社会及大学需求间取得平衡。学科组织形式和制度规训的生成前期受美洲本地殖民文化影响，后期主要是基于美国社会需求以及大学内部学科发展情况生成。在美洲殖民地文化的主导下，美洲最早期的大学是由殖民地政府下令设立的，虽然学院的外在形式是模仿英国大学的学院，但是制度规训和实际的管理形式都体现了外部管理的特征，大学自主权不高，学科发展较慢。随着美国社会的发展，学科组织形式和制度规训受美国社会物质文化的支配更多，如美国特色大学自治制度、董事会制度、研究生院形式、学系制、美国学科专业分类目录（CIP）等都是基于大学内部学科自身发展情况以及社会物质文化发展的需要形成的。

学科资金来源的发展趋势是以社会捐赠为主且国家投入逐渐增多。资金来源前期受英国文化影响，后期受到大学捐赠文化和美国社会文化影响生成。

美洲殖民地时期,由于殖民地人民主要是英国清教徒及后代,因此具有宗教思想,影响殖民地大学。与英国大学相同,以私人捐赠为主,长期以来促使大学形成了捐赠办学的文化传统。除了继续保持社会捐赠传统,美国政府由于国家和社会发展需要,对哈佛进行了多种形式的资助与合作,主要是科研方面。国家的资金投入逐渐增多。

学科交流网络由依附欧洲演变为以自身为核心。学科交流网络前期主要受欧洲文化影响,后期受美国社会文化和学科文化影响生成。美洲殖民地时期,大学学科的整体水平还不高,主要依赖德国、英国等欧洲国家的交流平台进行学习交流;后期随着美国社会物质文化水平的提高,学科发展的物质资源充足,美国大学学科实力迅速提高,因此依托社会文化和学科文化,美国大学的学科交流网络规模扩大、层次提高,各大学校内以及州、联邦层面形成了各类期刊协会,以自身为核心的学科交流网络逐步形成。

三、学科人生态的生成在文化层次上主要受社会文化影响,在文化维度上主要受精神文化和制度文化影响

学者的思想日益解放且发挥着愈加重要的作用。学者在前期受社会宗教文化影响,后期受民主开放的社会文化影响生成。殖民地时期学者受宗教文化影响,受教会约束,具有浓厚的宗教色彩,权力受限,后来社会文化的世俗化倾向使校长从宗教中解放出来,思想更加自由。近现代随着美国独立以及大学自身的发展实力不断增强,大学在社会中的作用被肯定,受到社会市场文化和大学自治文化影响,校长的选任更加民主,选任范围扩大且具有开放性,校长也被校董事会赋予更多的权力,作为大学和社会联系的桥梁,平衡着学术研究与社会服务的尺度。

学者团队的来源由单一走向多元且权力逐步扩大。学者团队在前期受宗教文化影响,后期受世俗社会文化影响生成。殖民地时期,学者受宗教文化影响,大都是牧师等宗教人员担任,学术水平不高,后期随着社会文化的世俗化以及学科知识自身的发展,大学自治文化逐渐形成,学者团队向专业化发展,并取得了一定的学术权力,有利于学科知识创新发展的终身教职制度,有利于跨学科知识创新的双聘制度等都随之生成。另外由于国际交流的广泛,

教师选聘范围不拘泥于国内，教师团队的国际化水平也较高，体现了学者团队生成的开放性。

第四节 文化视野中一流大学学科生态生成机理的共性

一、学科知识生态的生成在文化层次上主要受社会文化影响，在文化维度上受精神文化影响较大。文化视野中的学科知识结构走向多学科综合发展，学科研究方向注重应用性，学科研究方法由单一走向多元

在学科知识结构方面，北京大学由七科分立逐步演化至十一类学科综合发展，清华大学由西学为主演变为工科优势下的多学科综合发展，华东师范大学由文理学科演化至优势学科引领下的多学科综合发展，英国剑桥大学由古典学科为主演变成文理并重的多科性协同发展，美国哈佛大学由神学为主演化为基础学科和应用学科协同发展。

在学科研究方向上，北京大学由基础研究为主逐步演变至基础研究与应用研究相结合，清华大学由基础研究向应用研究转变，华东师范大学学科研究方向随社会经济发展向应用性转变，英国剑桥大学学科研究方向逐步走向学术性和应用性相结合，美国哈佛大学的学科研究方向逐步走向世俗化。

在学科研究方法上，北京大学由一体化向分科化再向借鉴融合方向转变，清华大学由传统经验总结向科学化、多元化的方向发展，华东师范大学的学科研究方法之间借鉴融合趋势增强，英国剑桥大学学科研究方法从单一化走向多元化并相互融合，美国哈佛大学的学科研究方法从单一走向多元但自然科学研究方法占主导地位。

二、学科组织生态的生成在文化层次上主要受学科文化影响，在文化维度上受制度文化影响较大。文化视野中的学科制度不断完善，学科组织形式发展为以学院、学部为主，学科资金来源逐步多元化，学科交流网络越来越国际化

在学科制度方面，北京大学变动较大并逐步完善，清华大学不断发展完善并逐渐规范，华东师范大学学科制度逐渐规范化，英国剑桥大学学科制度逐渐完善以满足大学发展需要，美国哈佛大学学科制度逐步在社会及大学需求间取得平衡。

在学科组织形式方面，北京大学由分科大学逐步演变至学部，清华大学由学堂逐步向校—院—系三级管理模式过渡，华东师范大学学科组织形式由系—教研室发展为校—院—系三级管理模式，英国剑桥大学学科组织形式由独立学院制演变成学部系与学院并存，美国哈佛大学的学科组织形式从讲座演变到学系再到学院。

在学科资金来源方面，北京大学和华东师范大学以国家投入为主并逐渐多元化；清华大学由庚款办学逐渐多元化，但仍然以国家投入为主。英国剑桥大学的学科资金来源由社会捐赠为主演变为国家资助和学科创收相结合，美国哈佛大学的学科资金来源以学费和社会捐赠为主且国家投入逐渐增多。

在学科交流网络方面，北京大学、清华大学和华东师范大学的学科交流网络的数量和质量不断提高，并不断呈现广泛化、交叉化和国际化趋势。英国剑桥大学的学科交流网络越来越丰富且国际化程度较高，美国哈佛大学的学科交流网络由依附欧洲演变为以自身为核心。

三、学科人生态的生成在文化层次上主要受社会文化影响，在文化维度上受制度文化和精神文化影响较大。文化视野中的学者选拔方式、职责权力逐渐规范化，学者团队水平结构逐步优化且权力不断扩大

在学者（校长）方面，我国北京大学、清华大学和华东师范大学校长的选拔方式都是以行政任命为主，有一套比较成熟的选拔程序和要求，校长的职责权力也通过《中华人民共和国高等教育法》等法律法规加以明确规定和约束。大学内部实行的是党委领导下的校长负责制，校长是学校的法定代表人，在学校党委领导下，贯彻党的教育方针，组织实施学校党委有关决议，行使高等教育法等规定的各项职权，全面负责教学、科研、行政管理工作。英国大学普遍实行董事会和学术委员会的所谓"两会式"管理体制。董事会是大学的领导机构和各项事务的最高决策者，负责大学的全面事务，拥有诸如学校的长期发展规划、资金的引入和利用、特色的形成、人事升迁等各类重要事项的决策权。校长由董事会选拔并对董事会负有责任。而学术委员会主管的是学术性事务，注重学术管理的相对独立性。校长是一个荣誉性职位，副校长是大学实际负责人，负责大学行政管理事务。剑桥大学的管理机构主要是摄政院、校务委员会和教师委员会。美国大学实行的是董事会领导下的校长负责制，董事会是大学的最高权力机构，拥有广泛的权力。主要职责包括决定任命校长，制订大学的长远发展规划，拥有所有事情的最终决定权，授予终身教职，任命教员和职员等。校长是受董事会委托实际管理大学的CEO，全面具体负责大学的管理事务。

　　在学者团队方面，我国北京大学、清华大学和华东师范大学都越来越重视学者团队建设，国家和大学都出台了有关团队建设的政策文件，激励大学学者组建学者团队应对国家重大需求，特别是卡脖子技术难题。学者团队的水平结构逐步优化，国际声誉逐步提升。英国和美国由于其长期奉行的大学自治和学术自由理念，大学的学术权力相对较高，学者团队的来源由单一走向多元，团队水平和声誉相对较高。

第七章

文化视野中我国一流大学学科生态治理策略

第一节　文化视野中我国一流大学学科生态的问题反思

一、整体文化自信不足，学科生态生成的文化基础不牢固

从鸦片战争到新中国成立前，在西方列强压迫和动荡不安的社会文化影响下，我国民众的民族自信心遭受重大打击，全面学习西方文化曾一度成为先进知识分子的追求，中国传统文化遭遇断层。在中西方高等教育发展的巨大差异下，我国高等教育开始在学习和模仿西方学科模式下发展，缺乏坚定的社会文化自信，学科生态发展的社会文化根基不牢，易受西方文化的影响和干预。

首先，从学科生态发展历程来看，我国大学学科在产生之初没能立足于我国传统文化，学科生态发展的社会文化根基不牢。自晚清西学东渐以来，在西方文化影响下，中西方文化交融与冲突始终贯穿于我国高等教育发展全过程。在这一过程中学科发展与我国传统文化断裂，在多元文化选择中游离自身传统优秀文化，忽视我国传统的文化教育理念，学科在模仿其他国家学科建设模式中发展。在制度文化的表现上，我国早期颁布的两个大学学制也可以比较明显地看出学科结构中出现了与传统文化相割裂的现象，比如，在1904年我国实行的第一个学制"癸卯学制"中规定，现代大学分为八个学科，其中文经学科重点开展我国传统文化教育；但在1912—1913年政府颁布

的"壬子癸丑学制"中取消了文经学科，现代大学中有关我国传统文化教育的部分被砍去。这种 20 世纪普遍存在的反传统的精神文化以及制度性表现造成了我国传统文化底气不足。①

其次，我国大学学科是在西方资本主义入侵背景下产生的，是在不断学习外国模式中发展的，受到较为明显的外力影响，在这一阶段中我国自身的社会文化自信心较弱，学科生态在国家制度文化干预下不断调整。通过对三所大学学科生态历史演变的梳理，发现我国特定的文化环境赋予高等教育各阶段独有的特征，学科建设的重点在每一时期是比较突出和不同的，并且多以自上而下的方式推进，比如，晚清主要学习日本学科发展模式，到民国时期学习美国学科发展模式，再到新中国成立后学习苏联学科发展模式，学科是在社会文化影响下引入和不断发展起来的，自身缺乏自我创生和自我演化的动力。改革开放后，我国文化重新迎来与世界文化融合的潮流，开始主动借鉴欧美国家高等教育发展模式，但和之前相比有明显的进步。这一阶段高等教育不是盲目学习，而是更加注重对文化自主性的把握，致力于探索一种立足我国国情的学科生态发展道路。

最后，我国大学学科生态发展缺乏一种既能体现我国传统文化的作用，又能满足社会需要的文化价值观念，这使我们在多元文化取向的选择中容易受外部环境的影响，忽视本国社会文化的根基作用，往往出现功利主义的倾向。学科生态缺乏对传统文化的重视与传承，特别是新中国成立后在国家行政干预下，大力学习苏联学科发展模式，致使大学在学科思维、人才培养、专业教育和大学管理等方面存在一定的短板与惯性，在一定程度上制约了大学学科生态的优化调整。当前在全球化背景下，面临多元文化的冲击，不同文化之间的交流也更为明显，大学学科发展正面临价值选择。如何建立坚定的社会文化自信，在立足传统文化根基上选择契合社会需求的学科发展道路，是我国一流大学学科发展的关键。

---

① 胡显章，曹莉. 大学理念与人文精神 [M]. 北京：清华大学出版社，2006：218.

二、独立的大学精神文化和制度文化有待明确，学科知识生态的连贯性和持续性受到阻碍

我国一流大学学科知识生态的生成受社会精神文化和制度文化影响较大，在国家文化影响下，学科知识生态的发展依附于国家的行政指令和物质支持，学科知识结构、学科研究方向受国家社会需求支配，对学科自身发展的逻辑关注过少。大学作为学科和社会的中介，担负着学科建设与社会发展的调节作用，学科知识生态的依附性体现了大学文化的缺位，学科知识发展的自主性和独立性需要进一步提高。

我国现代大学自诞生以来就被当作国家现代化建设的工具，被置身于服务与适应的地位，显现出鲜明的工具性价值倾向。[1] 国家的制度和物质发展水平影响大学学科生态的自主发展，尤其是学科知识结构和学科研究方向，受社会文化影响较大，学科发展的内发性动力不足。新中国成立后，社会主义的思想和制度深入社会的方方面面，学科知识生态在相关文化影响下发展自主权受到一定的限制，在不同的历史时期根据社会和国家发展的需求调整学科知识结构和研究方向，对自身学科发展的状况缺乏深刻认识，学科知识生态生成同质化，大学文化在学科知识生态发展中的主体地位需要进一步确立。

大学文化是大学发展的核心竞争力，但整体而言，大学文化在学科知识生态生成中存在缺位，对学科自身发展逻辑的关注不足，而是在外界的干预和需求下调整学科知识结构和学科研究方向，独立的大学精神和大学制度有待进一步强化。因此，我们需培育独立的大学精神文化和制度文化，强化大学的主体意识，立足本校的学科知识发展规律确立学科发展制度，避免同质化倾向，以优势学科为主构建特色的学科知识生态，推进学科知识生态健康发展。

大学文化是一所大学所独有的精神标识和突出优势，是大学经过历史积淀的结晶，同时也是大学进行传承和创新的文化基础。我国高等教育是在国

---

① 贺修炎. 走向大学自组织：中国政府与大学关系研究［D］. 长沙：湖南师范大学，2014.

家危难之际产生的，从它产生之日起就致力于用教育拯救国家，有着相当强烈的民族责任感。因此在学科知识生态发展中较多地考虑国家需求和社会需要，在外界环境干预下不断调整学科知识结构、学科研究方向与学科研究方法，没有很好地立足于大学自身文化发展需要，忽视了大学学科知识生态发展的特色，大学文化的作用没有得到充分发挥。

首先，忽视大学文化的基础性作用，受"重术轻学"思想的影响，学科知识生态中普遍存在着重视应用学科，忽视基础学科的问题。我国近代大学学科发展，在西方实用主义价值观念以及社会经济建设需求的影响下，国家在学科生态发展中发挥较大作用，通过物质供给、制度支持、精神文化氛围营造等影响学科发展，学科发展缺乏较为强大的大学文化意识与文化传统，学科知识生态中"重术轻学"思想较为明显，更多地关注社会需求。在学科知识结构中，无论是国民政府时期对实用学科的推崇，还是学习苏联的专业化教育模式，都使文理基础学科发展受到一定制约，造成学科知识结构失衡。虽然改革开放后国家和高校有意识地进行学科知识结构调整，重视文理基础学科在学科知识结构中的比重，在一定程度上弥补了文理、理工学科分开发展对学科知识生态带来的发展短板，但学科没有真正从传统的实用主义至上的思维模式中解脱出来，大学学科发展仍然在基础学科与应用学科、基础学科与新兴学科之间存在若干纠结。比如，清华大学20世纪80年代后开始重建文科，但受大学历史文化积淀影响，在整个大学文化氛围中，工科仍占据绝对优势。

其次，学科知识生态调整未能很好地立足大学文化传统，学科知识生态缺乏特色。从文化因素分析，过分迎合外界需求下的学科发展缺乏大学文化根基，容易造成学科知识生态趋同现象，使大学的学科生态发展失去特色和核心竞争力。比如，20世纪50年代在国家的统一调整下，学科发展注重专业化；80年代在改革开放的社会文化背景下，大学学科知识结构调整注重应用性学科专业建设，纷纷开设相关专业，缺乏对大学学科发展实际情况的考量。目前各高校经过不断发展和不断摸索，已经初步形成了学科知识生态发展的特色与优势。比如，北京大学的学科知识生态中，学科覆盖面较广，文理基础学科、管理学科都有包含。清华大学的学科知识生态中，理学、工学和管理学三大学科领域涵盖范围较广。华东师范大学的学科知识生态中，文理两大基础学科领域涵盖范围较广。目前在"双一流"建设中，国家倡导学科内涵式发展，就是要求各高校学科知识生态发展立足大学文化特色，避免出现学科知识生态趋同化现象。

三、自主的学科制度文化和开放的学科精神文化有待强化，学科组织生态独立性易受制约

首先，学科制度文化自主能力有待强化，学科组织生态发展不够独立。文化作为潜移默化的影响因素，通过对学科组织形式、学科制度规训、学科资源分配和学科交流网络等方面的定向与规范，对学科组织生态发展起调控作用。但在学科组织生态发展过程中，由于国家政策对其发挥着较强的引导和制约作用，学科缺乏独立自主的学科制度文化，使学科组织生态发展缺乏对学科实际发展情况的关照，造成在国家政策引导下，高校学科组织形式和学科制度在不断模仿中发展，在学科资金来源上也没能及时转换思维，过度依赖国家财政拨款。

我国作为高等教育后发型国家，学科是在西方高等教育模式影响下逐渐发展起来的，缺乏独立自主的学科制度文化，在学科组织形式和学科制度规训方面较多地借鉴国外，自身发展的独立性不足。在对三所大学学科生态历史演变的梳理中，发现大学学科组织形式的共同规律是由最初的科—门、科—系模式发展到院—系模式，再到 20 世纪 50 年代全面取消民国时期已初具规模的院系建制，实行系—教研室模式，80 年代后学科组织形式日益多样，院系建制重新盛行。在这一过程中，高校的院系设置大多是学习借鉴西方的学科组织形式，根据国家的相关规定进行调整，在学科制度自主性方面略显不足。知识经济时代，社会问题不断复杂化，出现了一批交叉学科和新兴学科，学科从分化转向综合的趋势越来越明显，这就要求对原有的学科组织形式进行自主创新。在学科制度发展上，我国早期的"癸卯学制""壬戌学制"等，以及目前的学科分类制度都在一定程度上体现了西方模式的影响，其独立性缺乏。

在学科资金的分配上过度依赖国家财政拨款。高等教育自产生以来国家

一直是其主要投资者，尤其是新中国成立后，国家成为高等教育的唯一办学者，学科资金来源主要依靠国家财政拨款，这也很容易使学科产生制度依赖惯性。另外，受传统学科发展思维影响，以及学科发展功利化倾向，国家和高校在学科资源分配上比较偏向应用性学科。基础学科由于学科显示度不高，以及学科研究成果缺乏直接应用性，使其重要价值容易被忽略，而且基础学科也未能及时转化思维提高自身的显示度，增强自我创新能力，造成基础学科在学科发展和资源获取中处于边缘地位，出现发展乏力现象。

其次，学科精神文化开放能力有待强化，学科交叉融合不足。伴随着知识的专门化与多样化，学科交流网络的构建标志着大学学科发展的规模化与成熟化，为学科进一步发展提供基础与营养源。但在学科组织生态中，受学科分类、组织形式、制度规训等方面的规范和制约，没有形成自主、创新、独立的学科精神文化，学科之间存在一定壁垒，造成学科交流网络不够丰富，也会阻碍交叉学科、新兴学科的产生与发展。

学科精神文化开放性发挥不足，较多地受现行学科制度文化的束缚，学科交流网络缺乏丰富性。通过对三所大学学科生态历史演变的梳理，发现在学科交流网络构建以及多学科交流中，学科之间壁垒较多，学科精神文化不够开放，学科交流网络不够丰富，学术期刊、学术团体的专业化没有随着学科相应发展，特别是在"文革"时期受到毁灭性打击，已经形成规模的学科交流网络破裂。改革开放后，各学科开始重新构建学科交流网络，学科交流网络的数量不断扩充，质量逐渐提高，但就多学科交流网络构建来看，在传统学科组织形式下，学科精神文化开放性有限，按照学科分类标准进行学科管理，大学的学院和学系越来越多，且各院系所涵盖的学科种类单一，没有为学科交流提供足够的空间和氛围。学科与社会联系较少，学科的开放度不高，学科的科研转换能力有待提高，尚未有效发挥学科的社会化功能。有学者提出，我国某些高校与企业的联系较少，在科研上处于自我封闭状态，不重视基础研究向应用研究的转换，导致我国高校科研成果转化率较低。[①] 我国

---

① 高义峰．"剑桥现象"——英国高等教育双向参与机制的成功范式研究 [D]．长春：东北师范大学，2007．

大学的学科交流网络在大学单位制的组织文化影响下，学科形成独立的学术部落，学科文化不够开放，不同的学科文化难以融合，学科之间交流不足。

四、民主的精神文化和制度文化有待优化，学科人生态的自主权受限

我国一流大学学科人生态受集权文化的影响，民主的精神文化和制度文化氛围不够浓厚，学科人的自主权不足。虽然我国对于学科人的治学权力的制度规定较多，但尚未真正落实到位，导致制度的落实效果不理想，学科人的行为文化也难以形成。

第一，在我国集权的社会文化影响下，校长的办学权力、选拔方式等受到国家制度文化的影响，民主自治的精神和制度有待落实，校长的治学权受限，不利于学科生态的健康发展。校长是大学发展的掌舵人，校长的办学理念和治理策略对学科生态的发展起着至关重要的作用。如新中国成立时，计划经济文化影响下实施全国高校"院系调整"，校长的治校权受到严重干扰，不利于学科生态发展。在集权主义文化影响下，我国大学校长的选拔方式以任命式为主，任命式的选拔方式可能会导致校长的教育理念和思想与大学的学科发展方向不符，从而影响校长治校策略的发挥和学科生态的发展。同时，我国大学校长的任期相对英美大学较短，有的校长调动较为频繁。校长任期的不确定性会造成校长大学治理方针可能不考虑长远利益，造成学科发展的功利化，不利于学科生态的长远发展。正如华东师范大学俞中立校长所说：大学是学术机构，不同于政府机构，不能按照地方干部的配置方式频繁调换、安排干部，这不利于校长办学理念的实施，而且还会导致学术管理行政化。[①]

第二，由于我国大学民主文化根基不够牢固，学者团队在社会主义文化影响下，学术权力受到一定的限制，一般学者参与大学管理的制度也有待进一步落实。大学学者是学科生态发展的内部动力，随着学者团队的形成及其影响力的逐步扩大，学科拥有的话语权和交流网络得以扩展，在学科生态中其学科影响力也随之提升。受传统学科制度和管理模式影响，学科人生态缺乏自由开放的精神文化氛围，学科人作用的发挥受到一定制约。新中国成立

---

① 宣勇，郝清杰.回望［M］.北京：商务印书馆，2020：149.

时，在计划经济文化影响下，学者随着学科被强行分离出大学，造成大学学者团队的结构失衡，学者对于学科发展的话语权被剥夺，其学术权力难以发挥。另外，在我国大学科层制管理模式下，虽然已建立学术委员会、教职工代表大会等组织机构，但由于我国高等教育管理体制中"官本位"思想文化和权力崇拜等原因，大学官僚化和行政化的现象依然存在，大学的行政权力强于学术权力，教师在此过程中习惯于"被行政"和"被干预"，教师参与民主管理的热情被熄灭。① 在这样的文化影响下，即使授予教师民主管理的权力，他们也不能很好地运用。

第二节　文化视野中我国一流大学学科生态治理策略

大学学科生态发展是一项系统工程，是学科知识、学科组织和学科人等方面不断调整与重构的过程。当前文化视野中的我国一流大学学科生态存在一定的问题，其改善策略需要坚定文化自信，建设中国文化特色的一流大学学科生态；重建独立的大学精神文化和制度文化，促进学科知识生态稳步发展；培育自主的学科制度文化和开放的学科精神文化，助力学科组织生态自主发展；营造民主制度文化和精神文化氛围，推动学科人生态优化调整。

一、坚定文化自信，建设中国文化特色的一流大学学科生态

文化自信是一个民族的自我价值认同，是民族兴旺发达的精神支柱。党的十九大报告指出："文化是一个国家、一个民族的灵魂；文化兴国运兴，文化强民族强；没有高度的文化自信，没有文化的繁荣兴盛，就没有中华民族伟大复兴。"② 同时，要坚持开放和创新，吸取他国有益的先进文化，不断提高文化的竞争力。

---

① 杨兴林. 我国大学校长到底该如何遴选——三重视角的拷问 [J]. 重庆高教研究，2016，4（1）：96-103+114.

② 习近平. 决胜全面建成小康社会夺取新时代中国特色社会主义伟大胜利——在中国共产党第十九次全国代表大会上的报告 [N]. 人民日报，2017-10-28：1-5.

（一）树立文化自信意识，扎根中国大地办大学

加强文化自信是社会主义现代化建设题中应有之义，就是要我们坚持对中华民族传统文化的自信、对中国特色社会主义道路的自信以及对中国未来发展的自信，这是对我国自身文化的肯定与坚守。没有坚定的社会文化，就没有中华民族的伟大复兴。随着国家经济实力日益增强，尤其是习近平总书记对中国传统文化的重视与弘扬，提出了"文化自信"，就是让我们在面对中西方多元文化的冲突时坚定对我国文化的自信，建立起对中华文化的高度自信心与自豪感。在全球化背景下要想树立与保持中国高等教育发展特色，就要树立坚定的文化主体意识，坚定文化自信。

首先，学科生态要坚守本民族文化传统，树立对我国社会文化的自信。中华民族在五千年的文化长河中创造了优秀的传统文化，它代表着中华民族的价值追求和价值取向，是我们社会文化的灵魂和根基。从世界一流大学的建设来看，本国民族的文化是其建成一流的深层次因素。优秀的传统文化是建设中国特色"双一流"大学的深层根基，民族文化是大学生生不息的血脉，离开了民族文化的滋养，建设中国特色世界一流大学将成为无源之水、无本之木。我国一流大学在学科建设中，受到西方文化的影响较大，在一定程度上缺乏对本国传统文化的继承与发扬。综观国际社会，18 世纪末至 19 世纪初期，德意志文化民族主义浪潮兴起，他们强调对民族精神和民族文化的培养，反对盲目照搬法国文化，对本民族精神和民族文化特性能否继续存续持担忧态度。这一运动成功唤起了德意志民众的文化认同感，为推动民族团结起到了重要作用。① 虽然德意志文化民族主义有其历史局限性，但它对民族文化的保护及对外来文化的抵御为我们坚守中华优秀传统文化提供了借鉴意义。

在经济全球化时代，各国之间的联系与交流更为紧密，与之相应，各国之间的文化交流也会更加频繁，这就要求我们在学科生态建设中树立对我国社会文化的自信，不能盲目学习西方，忽视自身的文化特色。具体来说：在国家层面，要坚持马克思主义在我国的思想指导地位，通过多媒体开展社会

---

① 张国臣. 论近代德国文化民族主义的性质与特征［J］. 许昌师专学报，2002（6）：104-107.

主义核心价值观教育，强化文化自信理念；开发和利用好红色资源，通过专题学习、主题教育等进行爱国主义教育，强化民族与国家意识。在高校层面，要重视传统文化的学习，在学科知识结构中增加人文学科的比重，并通过形式创新赋予传统文化新的内涵；发挥传统书院文化的作用，通过书院制改革将传统书院所承载的精神文化与现代大学相融合，增加对传统文化的认识与尊重。在个人层面，强化对我国自身文化的肯定，形成文化自觉意识，树立对中华文化的自信。

其次，学科生态要立足中国实际，扎根中国大地办大学。曾任剑桥大学副校长的阿什比曾说过：学科是遗传与环境共同作用的产物，学科发展是不断生长的过程，其中历史积淀为学科生长提供养分。① 经济全球化背景下多元文化并存，其中东西方文化是在不同的社会背景下，经过历史积淀所展现出来的独具特色的文化体系，代表着不同的文化价值取向。当前背景下，学科生态发展需要在吸取西方高等教育经验的同时，扎根中国大地，经过文化选择与扬弃，在立足中国社会文化实际的基础上努力找到适应社会需求的大学学科生态发展模式。在"双一流"建设的过程中，必须继承和发扬优秀的传统文化，探求其时代价值，发挥其在新时代的活力，引领社会文化潮流，形成高度的文化自信。如在大学建设理念中可以借鉴古代通才教育思想，实行通识教育，从人才培养目标、课程设置、课程内容、学科组织形式等方面进行改革创新，促进学科之间的交流与合作；在学科制度中融入古代的书院制，比如，香港中文大学创新学科组织形式，实施书院制，学生生活在关系密切的学生社团里，不同专业的学生学科交叉融合更加方便；在学科发展战略上，突出对国学等优秀传统文化的继承与发扬，将一流大学学科生态的建设根植于中华优秀传统文化和大学本身的传统文化中。

（二）坚持开放和创新，提高文化的竞争力

开放创新是民族文化不断发展的动力，文化创新是文化自信的关键。在全球政治、经济、教育一体化的社会背景下，民族文化之间相互影响，开放和创新是中华民族文化发展的必然选择。

---

① 翟亚军. 大学学科建设模式研究 [M]. 北京：科学出版社，2011：97.

英国大学在其发展过程中，一直坚持开放和创新，尤其是近代以来，工业革命后科学技术的迅猛发展，促使英国大学走出象牙塔，建立科技园、工业园等推动学科成果转换，加强学科与社会的联系。在学科知识发展不断深化的背景下，英国大学在保留学院制的基础上融入德国的学系制度，形成"学院+学部"的学科组织形式，以统筹大学学科的发展，学科的开放度进一步提高。美国大学的发展也跟美国的包容、开放和创新文化有关，美国的MIT开创了科学工业园之先河，以其为龙头而建起的"波士顿128高速公路"为地方经济带来了巨大的发展。哈佛大学的"学分制"和"案例教学"、斯坦福大学的"硅谷"模式都成了世界高等教育的重要示范。

因此，我国一流大学在发展过程中要注重保持开放和创新，在尊重本土文化的基础上创造性变革，以适应社会、大学和学科发展的需要。文化自信是开放的自信，要用开放包容的心态吸收外来优秀文化成果，以理性的态度正确认识和对待本国历史和文化。① 我国一流大学在坚持开放的同时，要提高对外来文化的鉴别能力，吸收西方文化的精华，立足于大学学科发展的特点对外来的文化和制度进行创新改革，使学科生态生成的根基更加稳固。

二、重建独立的大学精神文化和制度文化，促进学科知识生态稳步发展

中国特色一流大学学科生态的构建是民族化和本土化的过程。一流大学要加强大学精神文化建设，用大学内在精神引领大学发展的制度建设，从大学内部激发自主性的制度力量，从西方大学制度中走出来，重建独立的大学制度文化。

（一）增强大学精神文化自主，缓和社会文化对学科知识生态的干预

大学具有知识传播和创新的功能，大学文化是学科知识生态生成和发展最初的土壤。大学精神文化是大学文化的灵魂与核心，是大学在长期发展过程中形成的独特气质和价值规范体系，包括大学办学思想、大学理念和大学

---

① 顾燕，冯开甫. 习近平文化自信观的生成逻辑 [J]. 大连理工大学学报（社会科学版），2020，41（6）：1-5.

精神等，具有凝聚、引领和导向作用。① 因此必须重视大学精神文化在学科知识生态建设中的作用，形成自主的大学精神文化，平衡社会需求对学科知识生态的干预。我国大学的学科建设在中央集权文化的影响下，学科知识生态生成受国家政策、制度和经济发展的制约较大，没有形成独立自主的大学发展理念。大学的学科建设比较功利，忽视了学科知识本身的内在发展逻辑和价值取向。

英国大学在学科发展过程中始终坚持独立自主、学术自由的大学精神文化，尤其是在学术独立的大学精神文化影响下构建的学院制让学科发展很少受到社会的影响。19 世纪后在政府的干预和社会经济发展的推动下，英国大学在学术自由、独立的大学精神文化引领下，能在社会文化和大学文化中寻求平衡，在追求知识和学术自由的同时兼顾社会的需求，在学术性和应用性中找到平衡点，促进学科知识生态的繁荣发展。学术自由、终身教职（tenure）和大学自治是美国大学已经拥有的三大重要传统，也是美国大学治理的精华所在。这三者是相互关联的，学术自由是大学自治的内在要求，终身教职是意图保护学术自由的外在方式，大学自治是学术自由的组织保证。而三者的共同目标都是确保大学治理按照自身的内在逻辑办学而免受来自政府及社会其他各方面不合理的干预和控制，从而形成良好的大学治理文化。

我国作为一个后发型国家，虽然国家政策引领的社会文化至关重要，但是要理清政府与大学、学科的关系，明确大学文化在学科建设中的主体地位。首先，政府要落实大学自主办学的主体地位，给予大学自主建设的制度和物质支持，践行大学自治、教授治学、社会参与的民主管理体制。其次，我国一流大学要增强大学精神文化自主，在遵循大学自身的学科特色以及学科知识发展水平的基础上，形成独具本校特色的大学精神文化，引领学科知识生态的发展。有学者指出"崇尚学术是中国大学文化建设内在之魂""没有学术性就没有大学文化的根基和血脉"。② 我国一流大学应以学术性作为大学精神

① 蔡劲松. 大学文化的四个层次 [N]. 中国教育报，2007-11-13（12）.
② 吕立志. 崇尚学术：中国大学文化建设内在之魂 [J]. 高等教育研究，2011，32（1）：14.

文化建设的基础，在学科知识生态的生成过程中，在国家社会发展需求和学科知识发展中寻求平衡点，营造学科知识自由发展的精神环境，推动学科知识生态的独立自主发展。

（二）建立特色的大学制度文化，引领学科知识生态的生成

大学制度是大学精神文化的具体化和制度化，包括大学章程、发展战略、领导体制、组织机制以及关于教学、科研、服务等各种管理规章制度、行为规范。① 大学制度具有文化性，是一种文化的积淀，大学制度建设本质上是文化建设。一流大学的建设必须遵循本校学科发展的规律，建设具有本校特色的大学制度文化，引领学科知识生态的生成。在集权文化影响下，我国一流大学学科知识生态的生成过程受国家制度影响较大，大学学科专业设置和学科建设方案几乎千篇一律，缺乏独具本校特色的学科发展战略。

英国大学从中世纪大学发展而来，在其发展的过程中，根据时代的发展创新学院制、导师制等大学制度，并在近代发展过程中利用古典人文学科基础浓厚的学科根基，在追求知识和学术自由的基础上发展应用学科，增强学科与高新技术企业的联系，形成驰名世界的"剑桥现象"，如今形成了基础学科和应用学科蓬勃发展的学科知识发展战略。

综观世界一流大学，每所大学都根据其大学历史传统构建独具特色的大学制度文化，形成独特的学科知识生态。如哈佛大学以商学、法学和医学为基础构建学科知识发展战略而享誉全世界。

我国要建设具有中国特色的一流大学，就要构建独特的大学制度文化，打破"千校一面"的学科建设策略，形成独特的学科发展战略。温家宝曾指出："高等学校改革和发展归根到底是多出拔尖人才、一流人才、创新人才。高校办得好坏，不在规模大小，关键是要办出特色，形成自己的办学理念和风格。"② 一流大学的建设离不开特色发展，大学应该对本校学科发展的历史和现状进行梳理和分析，明确自己的学科基础和学科优势，找准大学发展定位，培育具有"特色"的大学制度文化，明确符合本校的学科发展方向，构

---

① 蔡劲松. 大学文化的四个层次 [N]. 中国教育报, 2007-11-13 (12).

② 温家宝. 百年大计 教育为本 [EB/OL]. [2020-12-7]. http://new s. xinhuanet. com/ new scenter/ 2009-01/ 04/ content 10601461 1 . htm .

建合理的学科知识结构和学科研究方向，引领学科知识生态的生成和发展。

（三）立足大学文化特色，引导学科知识生态特色化发展

文化特色能够使我们从世界民族之林中脱颖而出，只有坚持文化特色，才能坚守自我。从世界一流大学的成功经验看，一所大学成功的关键在于大学发展特色的形成，通过发展优势特色学科来确立其在国际上的领先地位。因此，在学科知识生态发展中要均衡发展所有学科是不切实际的，而且在学科资源和管理精力有限的情况下很难兼顾全面。最明智的做法是在学科知识生态发展中立足大学文化特色，使大学能够自主地结合国家需求与学科发展基础，有选择地进行优势学科与重点学科建设，从而推动学科知识生态突出文化特色。

首先，学科知识结构调整要立足大学文化特色，形成自身发展优势。斯坦福大学为了打破传统学科均衡发展的办学模式，有选择性地发展电子科学、物理学等学科，并取得了丰硕的成果，为斯坦福大学问鼎世界一流大学奠定了坚实的基础。清华大学在国民政府提倡发展理工学科的政策影响下，抓住学科发展机遇，成立工学院，重点建设工科，使清华工学院迅速发展成为学校的招牌与特色，并迅速成为我国重点大学，目前工科仍然是清华大学最具有优势且规模最大的学科领域。时至今日，我国已经初步形成了理工类、综合类、师范类、农林类、政法类等多类别的高校布局，分别形成了独特的学科知识生态发展模式，因此在学科知识结构调整的各高校要立足自身文化特色，形成独特的大学文化。具体而言，学科建设要对大学已有学科现状统筹考虑，不能盲目追求热点，不能脱离学校优势特色学科。学科建设应结合国家经济建设现实需求，抓住学科发展机遇，努力形成自身办学特色，保持学科竞争力。

其次，重视大学文化作用发挥，学科知识生态要以特色学科为引领，围绕其进行学科结构调整，并推动学科知识生态整体发展。苏联学者凯德洛夫在其"带头学科"理论中提到：在自然科学发展中，不同学科并不是并驾齐驱式向前发展的，不同学科发展的进程和速度有所差异，总会有一门学科作为引领，也就是我们所说的"带头学科"，通过其引领作用带动自然学科整体向前发展。[①] 学科知识生态的生成是各种因素综合作用的结果，在学科结构调

---

① 庞青山. 大学学科论［M］. 广州：广东教育出版社，2006：120.

整中不能忽视大学自身学科发展传统，也不能忽视优势和特色学科的引领作用。应发挥大学文化作用，在不同的大学文化引领下制定学科分类发展战略，围绕优势特色学科形成学科群，以点带面促进学科整体发展。在大学制度文化上，"双一流"建设的浪潮推动各校纷纷出台"双一流"建设规划，其中学科群建设是众多高校学科发展的首选，希望通过学科群建设发挥以点带面的学科辐射作用。

最后，营造重视基础学科的大学文化氛围，使学科知识生态发展做到"学术并重"。世界一流大学的学科生态发展经验表明，一流大学要有一流的基础学科作为发展根基，这是学科得以长远发展的重要保障。从大学文化层面来看，大学要营造重视基础学科的大学文化氛围。在大学制度文化上，以文理两科为基础，坚持文理渗透的发展战略，文理学科之间相互设置选修课与公开课，加强学科交叉融合，提高学生综合素质能力；在课程设置上重视基础学科的课时分配，帮助学生扎实基础。在大学物质文化的资源分配上向基础学科倾斜。

三、培育自主的学科制度文化和开放的学科精神文化，助力学科组织生态自主发展

学科是大学建设的基本单位，大学以学科为中心构建基本组织制度和组织形式，因此学科文化在学科组织生态的生成中占据重要地位。

（一）培育自主的学科制度文化，奠定学科组织生态生成基础

我国一流大学的学科制度和学科组织形式受我国社会文化以及西方文化的影响较大，以借鉴和模仿西方的学科制度为主，其根本原因是我国大学学科文化发展还不够成熟，学科制度文化不够完善，靠外部的行政手段来推动学科组织的建设，没有充分考虑学科发展的内在规律，制约了学科组织生态的自主生成。目前在学科内涵式发展的要求下，大学学科制度文化独立性、自主性的提升十分关键，这是保障学科组织生态发展的前提和基础，能够最大限度保障其不受外界环境的不当干扰。

首先，建立独立自主的学科制度，确保学科生态的内生发展。要营造宽松的学科文化氛围，使学科组织能够独立发展。建立较为稳定的学科制度文

化，大学在组织形式变革时要充分考虑学科内在发展需求，根据学科自然发展壮大而设立学科组织，而不是照搬西方高等教育学科组织形式，在行政主导下兴建一批学科组织机构，出现学科发展薄弱、跟不上组织建设步伐的现象。

其次，重视制度创新，破除学科发展的文化制约。将学科设置、学科发展的规划与管理权更多地交给学者，保障学者在学科生态发展中的话语权，使其根据学科组织生态发展的规律以及未来走向，根据办学理念、学科发展目标更好地协调学科组织生态发展。创新学科资源配置方式，针对质量对学科进行多维度的绩效评估；基于学生培养制订学科资源配置计划，对学科资源投入进行动态调整与管理，对效果明显、进展顺利的学科，适当加大学科资源支持力度。在制度规定上为学科对外交流、成果转换提供空间，可以通过校企合作、科研项目等方式，提高学科的显示度，为学科争取更多学科资源。

（二）培育开放的学科精神文化，提高学科组织生态的开放度

学科精神文化是学科在发展中所形成的共同的价值追求、价值观念、思维方式等多方面的总和。在学科组织生态发展上，要营造开放的学科精神文化氛围，促进学科交叉融合。学科生态发展过程是一个由封闭走向开放的过程，通过不断与外部环境进行交流，融入高等教育发展的浪潮。另外从国际论文发表情况来看，有学者通过对 1900—2015 年的数据进行分析，发现合作发文的比例从 20% 上升到 90%，其中国际合作占比从 1% 上升到 20%，"单打独斗"即独立作者的发文比例逐渐下降。因此，在文化上要建立开放的学科精神文化，提高学科发展的开放度，加强学科之间、学科与环境之间的交流互鉴。

首先，提升学科精神文化的开放度，加强学科与外界的联系与交流，积极拓展学科交流网络。受传统学科分类发展模式的影响，大学学院、学系的划分越来越细，在这一制度体系下，学科精神文化较为遮蔽，其开放度不够。因此要为学科发展营造开放的文化氛围，在文化观念上转变过去靠单一学科埋头苦练的学科发展思维，更多地通过学术论坛、出版期刊、开展国际学术交流等方式，积极扩建学科交流网络。因此，我国一流大学应培育开放的学

科精神文化，加强学科组织与社会的联系。一流大学要转变学科资金筹集的思维模式，寻求学科与企业合作的机会，增强学科的科研成果转换能力，根据不同的学科文化特色引入社会资金，扩展学科资金来源渠道，提高学科的开放水平。

其次，塑造学科精神文化，打破学科门类划分的制度制约，推进学科交叉发展进程。交叉融合逐渐成为学科发展的特征，在这一趋势下学科要积极塑造学科精神文化，使其更加开放化、多元化，形成重视学科交叉融合的学科精神文化氛围。具体来说：第一，在体制机制层面破除学科壁垒，为学科文化形成提供制度保障。加快跨学科专业和院系建设，实施兼容并包的交叉学科支持计划，为学科打造轻松易融合的学科文化氛围。我国近年来掀起的"新文科""新工科"等建设是促进学科交叉融合的有益探索。第二，淡化学科发展壁垒，增加学科之间的交叉渗透，比如，各学科之间互开公开课，并通过学术沙龙、学术报告等增加学科交流的广度和深度，促进学科精神文化更加开放化和多元化。因此，我国大学应从学科知识发展规律的内在需求出发，破除单位制的学科文化的制约，形成开放包容的学科精神文化，不断提高学科发展水平和开放水平，促进不同学科之间的交流，形成繁荣的学科交流网络。同时，应构建有利于学科交流的制度文化，完善国家学科管理制度，探索具有中国特色的交叉学科设置与管理制度，为学科的交叉与融合提供制度保障。

四、营造民主文化氛围，推动学科人生态优化调整

（一）培育民主宽容的制度文化，推动校长作用发挥

在国家的统一管理下，我国大学校长的职权、任期、选拔、考核等受社会制度文化影响较大，开放宽容的制度文化氛围不足，影响我国大学校长在学科生态发展中作用的有效发挥。一流大学的主要特征是对社会发展、学科发展的引领作用，其中大学校长在学科布局中承担重要职责，大学校长管理才能的有效发挥对学科生态发展起重要作用，从蔡元培、梅贻琦等校长的治校经历中可以看出一流大学的成功离不开一流的校长。当今社会发展迅速变化，高校迎来了新的机遇与挑战，同时大学校长也面临复杂的社会环境，对

其管理能力和水平也提出了挑战。如何在制度文化上保障大学校长权力的高效发挥，对于一流大学学科生态发展至关重要。

首先，进一步提高国家行政管理能力，为校长作用发挥创造宽松的社会制度文化环境，保障校长职权的有效发挥。在 2010 年《国家中长期教育改革和发展规划纲要（2010—2020 年）》以及 2017 年《关于深化高等教育领域简政放权放管结合优化服务改革的若干意见》中都明确指出要放宽对高等教育的管理，给予其更多的自主权。校长拥有的管理权力与之前相比得以扩大，这同时也对校长的办学水平和治校方略提出挑战。虽然校长的管理权力有了扩展，但由于受到政府在高等教育经费、学科类型、招生规模等方面的制约以及学校日常行政事务的牵绊，校长较难提出富有长期性、规划性的学科发展建议，因此要进一步营造宽松的制度文化氛围，为大学校长施展才华创造空间。要创新校长的选拔任用方式，选拔具备独特学科发展眼光与管理才能的校长。可以通过公开竞聘、民主投票等方式进行选拔，营造民主参与的制度文化氛围。可以探索校长任职期限的调整。校长任职期限在很大程度上影响校长办学理念的实现，校长任职期限较短不利于其办学理念的实现，校长受任职期限以及绩效考核的制约，可能会选择实施时间短且功利性强的学科计划，从长远来看不利于学科生态发展。

其次，坚持"教授治学、校长治校"的大学制度文化，赋予大学校长充分的办学自主权。近代一些大学校长如梅贻琦、蔡元培等，他们从上任之初就拥有较大的权力，能够根据自己的办学理想与办学目标对学科发展进行调控，比如，清华大学校长梅贻琦在国民政府重视理工学科的政策影响下，建设清华大学工学院，使工科发展成为清华大学的王牌学科。要进一步理顺高校、政府、社会和市场四大主体之间的责权关系，树立科学的管理理念，为校长办学自主权的发挥提供制度文化保障。

（二）建立自由开放的精神文化，发挥学者文化自觉性

从学科生态发展来看，学者团队形成并发挥作用是一流大学学科建设的关键环节。清华大学梅贻琦校长的"大学必有大师"的办学理念，突出强调了学者的重要性。在学科人生态的调整与优化中，要营造"人才至上"的文化氛围，不仅要重视学科带头人的培养，还要加强学者团队建设，鼓励学者

充分发挥其文化自觉性，共同为学科生态发展助力。

　　首先，营造"人才至上"的大学精神文化氛围，重视学者作用的发挥。众所周知，高等教育领域的竞争主要是人才竞争，人才是学科内涵式发展的根本，通过营造"人才至上"的大学精神文化氛围，凸显学者的重要价值，为学者文化自觉性发挥创造有利环境。具体而言，要切实践行"教授治学"的文化精神理念，保障学者的话语权。要在物质保障、制度支持、环境营造等方面为学者提供施展才华的空间和平台，通过硬环境和软环境建设强化民主的大学精神文化氛围，让学者能够凝心聚力，全身心投入教学和科学研究工作中。

　　其次，通过学者团队建设，打造竞争合作的学科精神文化。世界一流学科均有一流的学者团队作为支撑，其中不仅包括学科带头人，还包括优秀的学者队伍。精神文化要有相应的制度文化作为保障，在制度上为学者发展提供多样化通道。制订多元化学者培养计划，做好具有潜质青年学者的引进、选拔和培养工作，使之发展成为学者团队的主力军。要营造开放的学科精神文化氛围，为学者建言献策提供渠道。让学者能够真正参与到学科建设中来，发挥学科文化对学者的吸引力、凝聚力和向心力，使学者充分发挥文化自觉性，对学科发展的历史和未来有清晰的认识，并能够根据社会需求对学科生态发展进行理性思考和调整。

结　语

一流大学学科生态是在多种因素综合作用下不断发展演化而来的，其中文化作为隐性影响因素发挥着重要的作用，在文化的影响下，学科生态不断生成、发展和调整。本书立足文化视角，从文化三层次（社会文化、大学文化、学科文化）和文化四维度（物质文化、制度文化、精神文化、行为文化）出发，选取国内外有代表性的5所一流大学作为研究对象，探究文化视野中一流大学的学科生态发展历程，进行比较分析和问题反思，总结了文化视野中一流大学学科生态的生成机理，提出了文化视野中我国一流大学学科生态的治理策略。

通过对文化视野中一流大学学科生态生成机理和治理策略的研究，我们至少可以得出以下几点结论：

（1）在对国内外研究现状进行文献梳理的基础上，对一流大学学科生态的内涵及其要素做了较为科学的界定。认为学科生态是在外部环境影响下由学科知识生态、学科组织生态和学科人生态构成的有机整体，三个组成要素相互影响、相互促进，形成动态发展的生态体系。

（2）对文化视野中的国内外5所一流大学学科生态生成与治理进行了较为系统的探究，认为我国一流大学学科知识生态的生成在文化层次上主要受社会文化和大学文化影响，在文化维度上受制度文化和精神文化影响较大；学科组织生态的生成在文化层次上主要受学科文化影响，在文化维度上受制度文化和精神文化影响较大；学科人生态的生成在文化层次上主要受社会文化影响，在文化维度上受制度文化和精神文化影响较大。英国一流大学学科知识生态的生成在文化层次上主要受社会文化和学科文化影响，在文化维度上主要受精神文化和物质文化影响；学科组织生态的生成在文化层次上主要受社会文化和学科文化影响，在文化维度上主要受物质文化和制度文化影响；学科人生态的生成在文化层次上主要受社会文化和大学文化影响，在文化维度上主要受精神文化和制度文化影响。美国一流大学学科知识生态的生成在文化层次上主要受社会文化和学科文化影响，在文化维度上主要受物质文化影响；学科组织生态的生成在文化层次上主要受学科文化影响，在文化维度上主要受制度文化影响；学科人生态的生成在文化层次上主要受社会文化影响，在文化维度上主要受精神文化和制度文化影响。

（3）总结归纳了文化视野中一流大学学科生态生成机理的共性：学科知识生态的生成在文化层次上主要受社会文化影响，在文化维度上受精神文化影响较大。文化视野中的学科知识结构走向多学科综合发展、学科研究方向注重应用性、学科研究方法由单一走向多元。学科组织生态的生成在文化层次上主要受学科文化影响，在文化维度上受制度文化影响较大。文化视野中的学科制度不断完善，学科组织形式发展为以学院、学部为主，学科资金来源逐步多元化，学科交流网络越来越国际化。学科人生态的生成在文化层次上主要受社会文化影响，在文化维度上受制度文化和精神文化影响较大。文化视野中的学者选拔方式、职责权力逐渐规范化，学者团队水平结构逐步优化且权力不断扩大。

（4）反思了文化视野中我国一流大学学科生态的问题：整体文化自信不足，学科生态生成的文化基础不牢固；独立的大学精神文化和制度文化有待明确，学科知识生态的连贯性和持续性受到阻碍；自主的学科制度文化和开放的学科精神文化有待强化，学科组织生态独立性易受制约；民主的精神文化和制度文化有待优化，学科人生态的自主权受限。

（5）针对当前文化视野中的我国一流大学学科生态存在的问题，提出了改善策略。认为需要坚定文化自信，建设中国文化特色的一流大学学科生态；重建独立的大学精神文化和制度文化，促进学科知识生态稳步发展；培育自主的学科制度文化和开放的学科精神文化，助力学科组织生态自主发展；营造民主制度文化和精神文化氛围，推动学科人生态优化调整。

本书研究的创新之处主要表现在：

第一，从文化的视角对学科生态进行研究，研究视角较为新颖。现有研究多将大学和学科作为一个组织存在，关注一流学科建设中的政策要求、组织结构、评价体系等，忽略了大学和学科在理论意义和现实意义上作为一个文化实体的本质。本研究从文化的视野研究学科生态，适应了学科的文化本质要求，与之前的研究相比具有创新性。

第二，综合运用教育学、文化学和生态学等理论进行研究，有一定的创新性。现有研究多数局限于运用教育学自身的理论来分析问题，本研究尝试将文化学、高等教育学和生态学原理结合起来进行大学学科生态研究，属于综合性的跨学科研究，对所研究的问题把握更加全面，通过跨学科分析有助于更加全面地了解学科生态的成长路径，进而为我国一流大学学科生态发展提供新的思路与方法。

但在研究过程中，发现开展文化视野中一流大学学科生态研究既需要对文化学、生态学理论有较好的了解，也需要对高等教育发展历史有全面的把握，并且需要对每一时期的社会、政治、经济、文化等情况进行全面分析；加之本研究的研究层次和维度较多，研究课题具备一定的挑战性，由于搜集的资料有限，对5所一流大学学科生态的梳理分析可能存在不够深入的地方，本身样本量的选择也具有一定的局限性，在反思问题和对策建议方面也较为浅显。

目前，关于一流大学和学科生态发展的理论与实证研究正越来越多，结合"双一流"建设下学科内涵式发展的要求，以及习近平总书记对"文化自信""文化软实力"的重视，运用文化学的观点研究高等教育的学者越来越多，从文化的视野研究学科生态，符合学科发展的"内生"规律，不仅有利于扩大高等教育研究的广度，还有利于加深高等教育研究的深度，将文化与学科发展联系起来仍将是研究的热点和趋势。希望本书的研究能够起到一定的抛砖引玉作用，在学者们的共同努力下，相关的理论研究会越来越丰富，在实践方面也期待文化能够在我国一流大学学科生态发展中发挥更大的作用，推动我国一流大学学科生态健康发展，助力我国一流大学建设和高等教育强国的实现。

参考文献

1. 中文著作类

[1] 杨德广,别敦荣.中国高等教育改革与发展30年 [M].上海:上海教育出版社,2009.

[2] 北京大学档案馆校史馆.北京大学图史1898—2008 [M].北京:北京大学出版社,2010.

[3] [德] 卡尔·雅斯贝尔斯.大学之理念 [M].邱立波,译.上海:上海人民出版社,2007.

[4] 都本伟,王凤玉.中美高等教育比较研究 [M].北京:高等教育出版社,2011.

[5] 范国睿.教育生态学 [M].北京:人民教育出版社,1999.

[6] 方增泉.近代中国大学(1898—1937年)与社会现代化 [M].北京:北京师范大学出版社,2006.

[7] 傅林.世纪回眸:中国大学文化研究 [M].北京:教育科学出版社,2009.

[8] 高奇.中国高等教育思想史 [M].北京:人民教育出版社,2001.

[9] 郝平.北京大学创办史实考源(修订版) [M].北京:北京大学出版社,1995.

[10] 贺祖斌.高等教育生态论 [M].桂林:广西师范大学出版社,2005.

[11] 胡娟.大学制度论 [M].北京:中国人民大学出版社,2015.

[12] 胡显章,曹莉.大学理念与人文精神 [M].北京:清华大学出版

社，2006.

[13] 华东师范大学校长办公室编. 华东师范大学 [M]. 杭州：浙江大学出版社，2001.

[14] 黄福涛. 外国高等教育史 [M]. 上海：上海教育出版社，2008.

[15] 纪宝成. 中国大学学科专业设置研究 [M]. 北京：中国人民大学出版社，2006.

[16] 季成均. 大学属性与结构的组织学分析 [M]. 北京：人民教育出版社，2006.

[17] 江崇廓，等. 清华大学 [M]. 长沙：湖南教育出版社，1995.

[18] 蒋洪池. 大学学科文化研究 [M]. 北京：光明日报出版社，2011.

[19]《今日北大》编写组. 今日北大 [M]. 北京：北京大学出版社，1988.

[20] 雷晓云. 中国高等教育制度变迁及其文化透视 [M]. 武汉：华中科技大学出版社，2007.

[21] 梁丽娟. 剑桥大学 [M]. 长沙：湖南教育出版社，1990.

[22] 梁明伟. 中国大学学术管理研究：基于组织、制度和文化的视角 [M]. 北京：中国政法大学出版社，2013.

[23] 林一. 走进世界一流大学 [M]. 北京：当代世界出版社，2003.

[24] 刘道玉. 创造：一流大学之魂 [M]. 武汉：武汉大学出版社，2009.

[25] 刘登阁，周云芳. 西学东渐与东学西渐 [M]. 北京：中国社会科学出版社，2000.

[26] 刘贵华. 大学学术发展研究——基于生态的分析 [M]. 武汉：华中师范大学出版社，2005.

[27] 刘亮. 剑桥大学史 [M]. 上海：上海交通大学出版社，2012.

[28] 刘永. 剑桥人的智慧 [M]. 延吉：延边大学出版社，2001.

[29] 罗云. 中国重点大学与学科建设 [M]. 北京：中国社会科学出版社，2005.

[30] [美] 伯顿·克拉克. 高等教育新论——多学科的研究 [M]. 王承绪，译. 杭州：浙江教育出版社，2001.

[31] [美] 亨利·罗索夫斯基. 美国校园文化：学生·教授·管理[M]. 谢宗仙，周灵芝，马宝兰，译. 济南：山东人民出版社，1996.

[32] [美] 莫顿·凯勒，菲利斯·凯勒. 哈佛走向现代美国大学的崛起 [M]. 史静寰，钟周，赵琳，译. 北京：清华大学出版社，2007.

[33] [美] 约翰·布鲁贝克. 高等教育哲学 [M]. 王承绪，译. 杭州：浙江教育出版社，2001.

[34] 庞青山. 大学学科论 [M]. 广州：广东教育出版社，2006.

[35] 彭小云. 剑桥大学 [M]. 北京：军事谊文出版社，2007.

[36] 《清华大学文科的恢复与发展》编辑组. 清华大学文科的恢复与发展 [M]. 北京：清华大学出版社，2011.

[37] 茹宁. 中国大学百年模式转换与文化冲突 [M]. 北京：知识产权出版社，2012.

[38] 尚玉昌. 生态学概论 [M]. 北京：北京大学出版社，2003.

[39] 苏云峰. 从清华学堂到清华大学：1928—1937 近代中国高等教育研究 [M]. 北京：生活·读书·新知三联书店，2001.

[40] 孙培青. 中国教育史 [M]. 上海：华东师范大学出版社，2009.

[41] 涂又光. 中国高等教育史论 [M]. 武汉：湖北教育出版社，1997.

[42] 王炳照. 简明中国教育史 [M]. 北京：北京师范大学出版社，2007.

[43] 王洪才. 大学校长：使命·角色·选拔 [M]. 上海：上海交通大学出版社，2009.

[44] 王加丰，周旭东. 美国历史与文化 [M]. 杭州：浙江大学出版社，2007.

[45] 王建华. 学科的境况与大学的遭遇 [M]. 北京：教育科学出版社，2014.

[46] 王丽娟. 民国国立大学学科价值取向流变研究（1912—1936）[M]. 北京：中国社会科学出版社，2018.

[47] 王英杰，刘宝存. 世界一流大学的形成与发展 [M]. 太原：山西教育出版社，2008.

[48] 吴清一. 大学文化的四维向度及其育人功能实现研究 [M]. 北京: 中国社会科学出版社, 2015.

[49] 徐来群. 哈佛大学史 [M]. 上海: 上海交通大学出版社, 2012.

[50] 徐亚玲. 分科时代的通才教育: 以清华大学为考察中心 1925—1937 [M]. 南京: 南京大学出版社, 2017.

[51] 宣勇, 郝清杰. 回望 [M]. 北京: 商务印书馆, 2020.

[52] 宣勇. 大学变革的逻辑——学科组织化及其成长 [M]. 北京: 人民出版社, 2009.

[53] 阎光才. 识读大学——组织文化的视角 [M]. 北京: 教育科学出版社, 2002.

[54] 易红郡. 英国教育的文化阐释 [M]. 上海: 华东师范大学出版社, 2009.

[55] 易红郡. 战后英国高等教育政策研究 [M]. 长沙: 湖南师范大学出版社, 2012.

[56] 余谋昌. 生态哲学 [M]. 西安: 陕西人民教育出版社, 2000.

[57] 袁鼎生, 李泉鹰, 欧以克. 生态视域中的特色学科建设与发展 [M]. 桂林: 广西师范大学出版社, 2008.

[58] 袁曦临. 学科的迷思 [M]. 南京: 东南大学出版社, 2017.

[59] 袁运开, 王铁仙. 华东师范大学校史 1951—2001 [M]. 上海: 华东师范大学出版社, 2001.

[60] 翟亚军. 大学学科建设模式研究 [M]. 北京: 科学出版社, 2011.

[61] 张应强. 文化视野中的高等教育 [M]. 南京: 南京师范大学出版社, 1999.

[62] 赵卫平. 欧美高等教育思想史论稿 [M]. 杭州: 浙江大学出版社, 2010.

[63] 知识出版社编. 清华大学 [M]. 北京: 知识出版社, 1982.

[64] 朱永新. 中国教育思想史 [M]. 上海: 上海交通大学出版社, 2011.

2. 中文期刊类

[1] 白强 . 中国特色 "双一流" 大学建设的逻辑根据与路径选择 [J].
重庆大学学报（社会科学版），2018，24（6）：208-216.

[2] 本刊记者 . 大学校长应该有怎样的担当——访武汉大学原校长刘道
玉教授 [J]. 领导科学论坛，2014（4）：12-13.

[3] 别敦荣 . "双一流" 建设与大学战略 [J]. 江苏高教，2019（7）：
1-7.

[4] 蔡红生，杨琴 . 大学文化："双一流" 建设的灵魂 [J]. 思想教育研
究，2017（1）：80-84.

[5] 陈·巴特尔，许伊娜 . 骨子里的自由——论剑桥大学的自由主义传
统 [J]. 青岛科技大学学报（社会科学版），2015，31（3）：94-97.

[6] 陈乐 . "多样" 与 "同一"：世界一流大学通识教育理念与实践
[J]. 现代教育管理，2019（4）：43-48.

[7] 陈素燕，陶海飞 . 中英金融专业本科教育比较研究 [J]. 浙江万里
学院学报，2010（1）：85-88.

[8] 陈天凯，董玮，张立迁，刘晓，胡明列，贾宏杰，郑刚 . 基于需求
导向的一流学科建设路径分析 [J]. 学位与研究生教育，2020（3）：13-18.

[9] 陈霄峰 . 浅谈英国文化传统对剑桥大学的影响 [J]. 科技风，2012
（3）：212-213.

[10] 陈星 . "双一流" 背景下高校培育一流学科发展路径 [J]. 继续教
育研究，2021（3）：147-149.

[11] 迟海波，李根 . 新时期 "文化强国" 战略视域下的大学文化使命
[J]. 黑龙江高教研究，2019，37（3）：102-107.

[12] 崔建华 . 北京高等教育的学科生态特征分析 [J]. 北京工业大学学
报（社会科学版），2009，9（6）：75-80.

[13] 董普，滕宇，祖园 . 中英会计本科教育比较研较研究——以中英5
所高校为例 [J]. 财会通讯，2015（12）：114-115.

[14] 董云川，张琪仁 . 动态、多样、共生："一流学科" 的生态逻辑与
生存法则 [J]. 江苏高教，2017（1）：7-10.

[15] 段鹏，王德平.“双一流”建设背景下行业特色型大学的学科建设与发展 [J]. 中国高等教育，2018 (23)：32-34.

[16] 范玉鹏，余小波. 一流学科建设的文化困境及其突破 [J]. 研究生教育研究，2019 (1)：69-74+86.

[17] 傅维利，雷云. 中美一流学科的校际布局特征及对我国建设一流学科的启示 [J]. 教育科学，2018, 34 (1)：75-80.

[18] 高鹏飞，李知闻，张彦通. 英国大学交叉学科建设——以苏塞克斯大学为例 [J]. 现代教育管理，2013 (12)：116-119.

[19] 高山. 大学学科文化冲突融合与创新研究 [J]. 现代大学教育，2012 (5)：72-76.

[20] 葛少卫. 高校学科生态系统分析与管理 [J]. 价值工程，2015, 34 (1)：323-325.

[21] 葛少卫. 高校学科生态系统失衡分析与健康度量 [J]. 长春理工大学学报（社会科学版），2016, 29 (2)：145-150.

[22] 龚怡祖. 学科的内在建构路径与知识运行机制 [J]. 教育研究，2013, 34 (9)：12-24.

[23] 顾燕，冯开甫. 习近平文化自信观的生成逻辑 [J]. 大连理工大学学报（社会科学版），2020, 41 (6)：1-5.

[24] 郭丛斌. 中国高水平大学学科发展现状与建设路径分析——从 ESI、QS 和 US News 排名的视角 [J]. 教育研究，2016, 37 (12)：62-73.

[25] 郭书剑，王建华. 论一流学科的制度建设 [J]. 高校教育管理，2017, 11 (2)：34-40.

[26] 郭树东，赵新刚，关忠良，肖永青. 我国研究型大学的学科发展战略定位模式与生态位对策 [J]. 北京交通大学学报（社会科学版），2008 (4)：95-99.

[27] 郭树东，赵新刚，关忠良，肖永青. 研究型大学学科发展战略选择的生态位策略研究 [J]. 教育理论与实践，2009, 29 (30)：9-11.

[28] 郭树东. 基于生态学视角的我国研究型大学学科建设对策 [J]. 河南师范大学学报（哲学社会科学版），2009, 36 (4)：233-235.

[29] 韩晋芳.20世纪50年代清华大学院系调整初探 [J]. 工程研究——跨学科视野中的工程, 2008, 4 (0): 142-152.

[30] 韩文瑜, 梅士伟. 把握学科规律培育学科文化促进学科发展 [J]. 中国高等教育, 2011 (7): 22-24.

[31] 胡春蕾, 黄文龙. 生态承载力视角下的大学学科发展战略初探 [J]. 学术论坛, 2013, 36 (12): 228-230.

[32] 胡仁东. 试论世界一流水平学科的生成机理 [J]. 中国人民大学教育学刊, 2013 (1): 112-122.

[33] 胡仕坤. 从文化角度审视高等教育的历史使命 [J]. 中国成人教育, 2016 (8): 34-36.

[34] 黄炳超. "双一流" 政策的逻辑导向、制度困境与优化调适 [J]. 中国高校科技, 2020 (3): 24-28.

[35] 黄超, 王雅林, 姜华. 大学学科成长能力系统构建及其路径 [J]. 高等教育研究, 2011, 32 (1): 25-31.

[36] 黄家瑶. 中西方慈善文化的渊源比较及启示 [J]. 学术界, 2008 (4): 27-31.

[37] 惠嘉. 马林诺夫斯基的文化功能理论及其完善路向 [J]. 内蒙古师范大学学报 (哲学社会科学版), 2015, 44 (6): 89-94.

[38] 贾杲, 武斌. 我国自然科学与社会科学研究方法渗透的分析 [J]. 成都大学学报 (自然科学版), 1993 (1): 6-10.

[39] 姜凡, 李雨潜. 如何推进高等教育创新和世界一流大学建设?——"高等教育创新发展与世界一流大学建设" 高峰论坛综述 [J]. 复旦教育论坛, 2016 (4): 83-88.

[40] 姜素兰. 论当代大学的文化诉求与文化使命 [J]. 国家教育行政学院学报, 2014 (1): 48-52.

[41] 蒋林浩, 沈文钦, 陈洪捷, 黄俊平. 学科评估的方法、指标体系及其政策影响: 美英中三国的比较研究 [J]. 高等教育研究, 2014 (11): 92-101.

[42] 金灿灿. 略论西迁浙大 (1937—1946) 的院系设置 [J]. 浙江大学

学报（人文社会科学版），2012（5）：50.

[43] 康宇，张扬.文化自信在"双一流"大学建设中的支撑引领作用研究 [J].广西教育学院学报，2020（2）：111-115.

[44] 劳凯声.人文社会科学研究的问题意识、学理意识和方法意识[J].北京师范大学学报（社会科学版），2009（1）：5-15.

[45] 雷环，钟周，乔伟峰."双一流"建设背景下中美研究型大学"学科"发展模式比较研究 [J].清华大学教育研究，2018，39（6）：66-73.

[46] 李春林，刘丽丽.一流学科的演进特征与生成机理——以 H 大学 C 学科为例的探索性研究 [J].教育发展研究，2017，37（21）：39-45.

[47] 李德志，刘科轶，臧润国，王绪平，盛丽娟，朱志玲，石强，王长爱.现代生态位理论的发展及其主要代表流派 [J].林业科学，2006（8）：88-94.

[48] 李国栋，张俊华.中英高校地理学专业课程体系与教育信息化比较研究——以河南大学与诺丁汉大学为例 [J].高教学刊，2020（4）：14-16.

[49] 李海燕.我国期刊数字化发展历程探究 [J].内蒙古师范大学学报（自然科学汉文版），2018，47（5）：454-457.

[50] 李鹏虎."双一流"建设中的跨学科元素：组织及制度 [J].现代教育管理，2019（4）：49-53.

[51] 李文平.我国世界一流大学建设政策的特征与发展——基于"985工程"与"双一流"建设的政策文本比较 [J].现代教育管理，2020（3）：20-28.

[52] 李枭鹰.多样化与异质化——生态视域中的学科规划思维 [J].学位与研究生教育，2006（7）：17-20.

[53] 李枭鹰.生态学视野中的大学学科发展观 [J].学位与研究生教育，2005（7）：33-36.

[54] 李永清，朱锡，侯海量，陈林根.学科文化内涵与学科文化建设 [J].大学教育，2015（8）：19-21.

[55] 李志峰，梁言.文化浸入与要素耦合：世界一流学科组织化建设策略——以中美两所大学材料学科为比较案例 [J].江苏高教，2019（3）：

113-118.

[56] 李子江, 李卓欣. 哈佛大学章程溯源 [J]. 大学教育科学, 2013 (6): 73-78.

[57] 林杰. 论世界一流大学建设的反文化现象——意蕴、表征、危害、根由及匡正 [J]. 研究生教育研究, 2020 (2): 74-82.

[58] 林晓. 英国高校学科评估的现状分析 [J]. 外国教育研究, 2006 (8): 55-59.

[59] 刘红. 张之洞与湖北外语教育 [J]. 湖北社会科学, 2014 (11): 97-102.

[60] 刘垄. 世界一流年轻大学的战略选择与学科分布——基于17所大学的比较分析 [J]. 湖南师范大学教育科学学报, 2020, 19 (3): 63-72.

[61] 刘小强. 学科还是领域: 一个似是而非的争论——从学科评判标准看高等教育学的学科合法性 [J]. 北京大学教育评论, 2011, 9 (4): 77-90+186.

[62] 刘徐湘. 论世界一流大学的精神特质 [J]. 大学教育科学, 2020 (2): 19-25.

[63] 刘永. 一流学科评价探析: 基于教育生态学的视角 [J]. 江苏高教, 2020 (5): 29-34.

[64] 龙宝新. 论学科的存在与建设 [J]. 高等教育研究, 2018, 39 (5): 52-59.

[65] 陆根书, 胡文静. 一流学科建设应重视培育学科文化 [J]. 江苏高教, 2017 (3): 5-9.

[66] 吕立志. 崇尚学术: 中国大学文化建设内在之魂 [J]. 高等教育研究, 2011, 32 (1): 14-18.

[67] 马陆亭. 一流学科建设的逻辑思考 [J]. 高等工程教育研究, 2017 (1): 62-68.

[68] 梅钢. 中国管理研究方法的研究现状及展望 [J]. 中国石油大学学报 (社会科学版), 2011 (4): 18.

[69] 孟照海. 世界一流学科是如何形成的——基于斯坦福大学和加州大

学伯克利分校工程学科的比较 [J].比较教育研究，2018，40（3）：70-76.

　[70] 孟照海.制度化与去制度化：世界一流学科建设的内在张力——以美国芝加哥大学社会学为例 [J].中国高教研究，2018（5）：20-25.

　[71] 潘懋元，朱国仁.高等教育的基本功能：文化选择与创造 [J].高等教育研究，1995（1）：1-9.

　[72] 潘懋元.一流大学不能跟着"排名榜"转 [J].清华大学教育研究，2003（3）：50-51.

　[73] 庞青山，陈永红.试析大学学科制度的功能与局限 [J].清华大学教育研究，2005（4）：22-26.

　[74] 彭璧玉.组织生态学理论述评 [J].经济学家，2006（5）：111-117.

　[75] 彭文俊，王晓鸣.生态位概念和内涵的发展及其在生态学中的定位 [J].应用生态学报，2016，27（1）：327-334.

　[76] 钱颖一.谈大学学科布局 [J].清华大学教育研究，2003（6）：1-11.

　[77] 邱忠霞，胡伟.我国社会科学定量研究方法问题的反思 [J].学术论坛，2016，39（11）：142-148.

　[78] 任超，陈燕，周媛莎，林梦泉.英国 REF 评价对我国学科水平评估的启示 [J].高等教育研究，2016（11）：104-109.

　[79] 沈道海.党委领导下的校长负责制：制度演进、内涵界定与实践创新 [J].云南行政学院学报，2012，14（1）：81-83.

　[80] 宋亚峰，王世斌，潘海生.一流大学建设高校的学科生态与治理逻辑 [J].高等教育研究，2019，40（12）：26-34.

　[81] 宋亚峰，王世斌，郤海霞.我国一流大学建设高校的学科布局与生成机理 [J].江苏高教，2018（9）：9-15.

　[82] 眭依凡.关于大学文化建设的理性思考 [J].清华大学教育研究，2004（1）：11-17.

　[83] 眭依凡.世界一流大学建设的六要素 [J].探索与争鸣，2016（7）：4-8.

[84] 孙贵平，邹源椋．社会资源支持下的美国一流学科建设——以劳拉·斯皮尔曼基金会对芝加哥大学社会科学研究的支持为例 [J]．高教探索，2018 (4)：32-38.

[85] 孙希磊．"厚德载物，自强不息"的楷模——中国近代教育家梅贻琦教育思想与实践初探 [J]．北京建筑工程学院学报，2000 (4)：70-82.

[86] 孙玉清．大学的学科与专业 [J]．中国高等教育，2016 (7)：42-45.

[87] 谭天伟．立足学科特色　增强核心竞争力　推进北京化工大学一流学科建设 [J]．高等工程教育研究，2018 (6)：87-91.

[88] 田贤鹏．高校学科专业动态调整：模式、困境与整合改进 [J]．高校教育管理，2018，12 (6)：44-50.

[89] 田贤鹏．一流学科建设中的知识生产创新路径优化——基于知识生成论视角 [J]．学位与研究生教育，2018 (6)：7-13.

[90] 万陈芳．"双一流"战略与校园生态文化建设 [J]．高教论坛，2019 (4)：89-93.

[91] 吴叶林，崔延强．基于学科文化创新的一流学科建设路径探论[J]．清华大学教育研究，2017 (5)：89-97.

[92] 王宝玺，于晴．亚洲世界一流大学建设的特点及启示——以东京大学、新加坡国立大学和香港科技大学为例 [J]．高校教育管理，2018，12 (6)：57-64.

[93] 王春．20世纪初期中国科技期刊历史考察 [A] //第九届中国科技期刊发展论坛论文集：中国科技期刊新挑战 [C]．杭州：浙江大学出版社，2013：398-400.

[94] 王冀生．大学文化的科学内涵 [J]．高等教育研究，2005 (10)：9-14.

[95] 王佳楠，杨舰．清华大学农业研究所的创建及发展——战争与科学视角下的解析 [J]．自然辩证法通讯，2020，42 (7)：62-68.

[96] 王嘉毅．发挥优势　服务需求　统筹推进高水平大学和一流学科建设 [J]．学位与研究生教育，2017 (3)：1-6.

[97] 王义道. 建设世界一流大学究竟靠什么 [J]. 高等教育研究, 2011, 32 (1): 1-6.

[98] 王瑜, 沈广斌. "双一流"建设中的大学发展目标的分类选择 [J]. 江苏高教, 2016 (2): 44-48.

[99] 王周谊. 论"治理"视域下的大学学科建设 [J]. 中国大学教学, 2017 (7): 39-43.

[100] 吴叶林, 崔延强. 基于学科文化创新的一流学科建设路径探论 [J]. 清华大学教育研究, 2017, 38 (5): 89-97.

[101] 武建鑫, 郭霄鹏. 学科组织健康: 超越学术绩效的理性诉求——兼论世界一流学科的生成机理 [J]. 学位与研究生教育, 2019 (6): 19-25.

[102] 武建鑫. 超越概念隐喻的学科生态系统研究——兼论世界一流学科的生成机理 [J]. 学位与研究生教育, 2017 (9): 8-13.

[103] 武建鑫. 世界一流学科的政策指向、核心特质与建设方式 [J]. 中国高教研究, 2019 (2): 27-33.

[104] 武建鑫. 学科生态系统: 核心主张、演化路径与制度保障——兼论世界一流学科的生成机理 [J]. 高校教育管理, 2017, 11 (5): 22-29.

[105] 夏国萍, 管恩浩. 建设世界一流大学亟待处理好四重关系——基于三大世界大学排行榜的视角 [J]. 高校教育管理, 2018, 12 (4): 27-35.

[106] 项伟央, 刘凡丰. 美国大学"双聘制"的困境与密歇根大学的实践 [J]. 教育发展研究, 2010, 30 (5): 62-65+71.

[107] 谢凌凌. 世界一流大学的学院治理与高等教育创新——对剑桥大学教育学院院长杰夫·海沃德教授的访谈 [J]. 高等教育研究, 2017, 38 (5): 1-8.

[108] 徐贤春, 朱嘉赞, 吴伟. 一流学科生态系统的概念框架与评价模型——基于浙江大学的实证研究 [J]. 江苏高教, 2018 (9): 16-20.

[109] 宣勇. 大学学科建设应该建什么 [J]. 探索与争鸣, 2016 (7): 20-31.

[110] 闫俊凤. 生态学视域下行业特色高校学科建设 [J]. 高教探索, 2014 (2): 96-99.

[111] 杨蕾，黄旭华，郭志芳．"双一流"背景下高等教育系统的生态定位与发展 [J]．高教探索，2018 (5)：16-21．

[112] 姚远，王强，郭晓亮，刘小燕，颜帅．清华大学学术期刊简史 (1912—2015) [J]．科技与出版，2015 (11)：22-36．

[113] 殷忠勇．基于学科，重建大学：一流学科建设高校的建设方略 [J]．江苏高教，2017 (12)：31-34．

[114] 于东红．清华大学 21 世纪发展研究院——跨学科学术组织发展的典范 [J]．中国电子教育，2013 (3)：12-15+21．

[115] 袁广林．我国高校世界一流学科发展性评估探析 [J]．中国高教研究，2019 (6)：21-26．

[116] 袁广林．学术逻辑与社会逻辑——世界一流学科建设价值取向探析 [J]．学位与研究生教育，2017 (9)：10．

[117] 翟亚军，王战军．基于生态学观点的大学学科建设应然研究[J]．科学学与科学技术管理，2006 (12)：111-115．

[118] 张德祥．高校一流学科建设的关系审视 [J]．教育研究，2016，37 (8)：33-39+46．

[119] 张国昌，林伟连，许为民，张文军，张健，程红．英国高等教育学科专业设置及其启示 [J]．学位与研究生教育，2007 (6)：68-73．

[120] 张国臣．论近代德国文化民族主义的性质与特征 [J]．许昌师专学报，2002 (6)：104-107．

[121] 张继平，翟方．王亚南的大学之道及对"双一流"建设的启示 [J]．华中师范大学学报（人文社会科学版），2020，59 (3)：184-192．

[122] 张梅珍．行业特色大学综合改革进程中的学科生态重构 [J]．中国高教研究，2015 (12)：88-91．

[123] 张淑林，崔育宝，李金龙，裴旭．大学排名视角下的我国"世界一流大学"建设现状、差距与路径 [J]．清华大学教育研究，2018，39 (1)：24-34．

[124] 张晓玲，李庆丰，王晶．改革开放以来高等学校学科建设的发展阶段及其特点分析 [J]．学位与研究生教育，2009 (7)：49-55．

［125］张应强，索凯峰．谁在做中国本科高校校长——当前我国大学校长任职的调查研究［J］．高等教育研究，2016（6）：12-25.

［126］张振刚，向敛锐．美国高等教育学科专业分类目录的系统研究［J］．学位与研究生教育，2008（4）：70-77.

［127］章宁，俞青．冲突与和谐：大学跨学科学术组织的生态学治理［J］．江苏高教，2016（6）：31-34.

［128］赵婷婷，张婷婷．英国高等教育学科专业结构的调整与启示［J］．中国大学教学，2002（2）：52-54.

［129］郑莉．建构"体用"结合的学科评价体系［J］．中国高教研究，2016（5）：25-27.

［130］郑湘晋，李易青．创建和谐学科生态环境培育优秀学科带头人和创新团队［J］．教育理论与实践，2006（23）：56-59.

［131］周光礼，武建鑫．什么是世界一流学科［J］．中国高教研究，2016（1）：65-73.

［132］周统建．"双一流"建设高校如何协调发展弱势学科——基于学科生态建设的视角［J］．中国高校科技，2018（10）：4-8.

3. 英文文献类

［1］Abdulkareem, Rasaq L. *Corporate Culture and University Goal Achievement in South-West Zone, Nigeria* ［J］. eJEP: eJournal of Education Policy, 2015 (14).

［2］Abramo G, D'Angelo C A, Costa F D, et al. *Variability of research performance across disciplines within universities in non-competitive higher education systems* ［J］. Scientometrics, 2014, 98 (2): 777-795.

［3］Abramo, Giovanni. *A Nation's Foreign and Domestic Professors: Which Have Better Research Performance?（The Italian Case）* ［J］. Higher Education: The International Journal of Higher Education Research, 2019 (5).

［4］Adams, Richard. *University culture and sustainability: Designing and implementing an enabling framework* ［J］. Journal of Cleaner Production, 2018 (1).

［5］Altbach PG, Reisberg L, Rumbley LE. *Tracking a Global Academic Revo-*

lution [J]. Change: The Magazine of Higher Learning, 2010, 42 (2): 30-39.

[6] Asher, Kiran. *The Doers and the Done For: Interrogating the Subjects and Objects of Engaged Political Ecology* [J]. An International E-Journal for Critical Geographies, 2014 (4).

[7] Basir, Siti Arni. *The influence of academic culture on quality management system ISO 9001 maintenance within Malaysian universities* [J]. Journal of Higher Education Policy & Management, 2017 (6).

[8] Bentao, Yuan, Wanhe, Li. *Doctoral Training and Building World-Class Disciplines: Empirical Analysis Based on a Doctoral Research Experience Survey* [J]. Chinese Education & Society, 2018 (3): 184-198.

[9] Cameron, Leanne. *How Learning Designs, Teaching Methods and Activities Differ by Discipline in Australian Universities* [J]. Journal of Learning Design, 2017 (10).

[10] Caro T, Sherman P W. *Endangered species and a threatened discipline: behavioural ecology* [J]. Trends in Ecology and Evolution, 2011, 26 (3): 111-118.

[11] Cogan JJ, Derricott R. *The effects of educational reform on the content and status of the social subjects in England* [J]. International Review of Education / Internationale Zeitschrift für Erziehungswissenschaft, 1996, 42 (6): 623.

[12] Cross N. *Editorial: Design as a discipline* [J]. Design Studies, 2019, 65 (11): 1-5.

[13] Dang Y. *Fluctuation analysis of discipline development based on impact factor* [J]. Scientometrics, 2006, 67 (2): 175-186.

[14] David Damrosch. *We Scholars: Changing the Culture of the University* [M]. New York: Harvard University Press, 1995: 2-5.

[15] Dwivedi VJ, Joshi YC. *Leadership Pivotal to Productivity Enhancement for 21st-Century Indian Higher Education System* [J]. International Journal of Higher Education. 2020, 9 (2): 126-143.

[16] Emily A. Marshall. *Defining population problems: Using topic models for*

cross-national comparison of disciplinary development [J]. Poetics, 2013, 41 (6):
701-724.

[17] Ferrari, Vincenzo, Ronfani, Paola. *A Deeply Rooted Scientific Discipline: Origins and Development of Sociology of Law in Italy* [J]. American Sociologist, 2001, 32 (2): 61-77.

[18] Ghazavi, Mansuoreh. *The Investigation of Challenges in Developing and Implementing New Academic Disciplines in Iranian Universities: Views of the Faculty Members* [J]. International Education Studies, 2016 (10): 158-167.

[19] Ghazavi, Mansuoreh. *The Investigation of Challenges in Developing and Implementing New Academic Disciplines in Iranian Universities: Views of the Faculty Members* [J]. International Education Studies, 2016 (10).

[20] Guillaume, Oris1. *Understanding organizational culture to transform a workplace behavior: Evidence from a liberal arts University* [J]. Scholedge International Journal of Management & Development, 2016 (4).

[21] HERBST J. *Liberal Education and the Graduate School: An Historical View of College Reform* [J]. History of Education Quarterly, 1996 (4).

[22] Hinton, Corrine, E. Patterson, Elizabeth Hinton. *Cultivating a Collaborative Professional Development Culture in a University Foundations Course* [J]. Journal of Faculty Development, 2019, 33 (3): 39-44.

[23] Hou Angela, Yung Chi, Morse, Robert, Chiang Chung-Lin. *An analysis of mobility in global rankings: Making institutional strategic plans and positioning for building world-class universities* [J]. Higher Education Research & Development, 2012 (6): 841-857.

[24] Jean-Pascal Guironnet, Nicolas Peypoch. *The geographical efficiency of education and research: The ranking of U. S. universities* [J]. Socio-Economic Planning Sciences, 2018 (62): 44-45.

[25] Johnston, Ron. *Changing a Discipline in Universities and a Subject in Schools: British Geography in the1950s-1970s* [J]. History of Education, 2019, 48 (5): 682-699.

［26］Khoon KA, Shukor RA, Hassan O, Saleh MZ, Hamzah A, Ismail ARH. *Hallmark of a world-class university* ［J］. College Student Journal, 2005 （4）: 765-768.

［27］Kickboard. *Tulane University Study Finds Kickboard School Culture System Reduces Suspensions* ［J］. Business Wire (English), 2019 (8).

［28］Koka S, Baba K, Ercoli C, et al. *Leadership in an academic discipline* ［J］. Journal of Dentistry, 2019, 77 （52）: 40-44.

［29］L. Avdonina, A. Lopuhina, E. Peskova. *Proceedings of the International Scientific-Practical Conference "Business Cooperation as a Resource of Sustainable Economic Development and Investment Attraction"* ［C］. Atlantis: Atlantis Press, 2019: 26.

［30］Loftus, Alex. *Political ecology I: Where is political ecology?* ［J］. Progress in Human Geography, 2019 （1）: 172-182.

［31］McGrath. *Intersecting disciplinary frameworks: the architecture and ecology of the city* ［J］. Ecosystem Health and Sustainability, 2018, 4 （6）: 10.

［32］Michael Russell. *Reform will keep our universities first class* ［J］. Sunday Times, 2014 （10）: 29.

［33］N'Daw A. *The Role of the University in the Cultural Development of Africa* ［J］. January, 1970, 12 （45）: 99-108.

［34］Neumann R. *Disciplinary Differences and University Teaching* ［J］. Studies in Higher Education, 2001, 26 （2）: 135-146.

［35］Nzeadibe A C, Uchem R, Nzeadibe T C, et al. *Beyond "traditional geographies": Integrating urban political ecology and cultural sustainability into undergraduate geographical education in Nigeria* ［J］. The Journal of Environmental Education, 2018, 49 （3）: 228-241.

［36］Okogwu, F. I., Ozioko, R. E. *Challenges of Collection Development of Electronic Resources in University Libraries in South East Nigeria* ［J］. Library Philosophy & Practice, 2018 （21）: 1-21.

［37］Ovseiko, Pavel V. Pololi, Linda H. Edmunds, Laurel D. Civian, Jan

T. Daly, Mary. Buchan, Alastair M. *Creating a more supportive and inclusive university culture: a mixed-methods interdisciplinary comparative analysis of medical and social sciences at the University of Oxford* [J]. Interdisciplinary Science Reviews, 2019, 44 (2): 166-191.

[38] Petin A. N. *Geological and geographic faculty of belgorod state national research university: the current state and development prospects* [J]. Journal of Anatomy, 2012 (1): 513-516.

[39] Ranjporazarian M, Sarmadi M, Noroozzade R, Farajolahi M. *The cultural planning framework in universities* [J]. International Journal of Pharmaceutical Research & Allied Sciences, 2017, 6 (2): 301-307.

[40] Razzaq J, Townsend T, Pisapia J. *Towards an Understanding of Interdisciplinarity: The Case of a British University* [J]. Issues in Interdisciplinary Studies, 2013, (31): 149-173.

[41] Ricklefs R E, Jenkins D G. *Biogeography and ecology: towards the integration of two disciplines* [J]. Philosophical Transactions of the Royal Society B, 2011, 366 (1576): 2438-2448.

[42] Rita Johnston. *The University of the future: Boyer revisited* [J]. Higher Education, 1998 (36): 253-272.

[43] Rosovsky H. *Research Universities: American Exceptionalism?* [J]. International higher education, 2014, 76 (5519): 4-6.

[44] Ruxandra Bejinaru, Gabriela Prelipcean. *Successful strategies to be learnt from world-class universities* [J]. Proceedings of the International Conference on Business Excellence, 2017, 11 (1): 350-358.

[45] Salmi J. *Nine Common Errors in Building a New World-Class University* [J]. International higher education, 2015, 59 (77): 5-7.

[46] Sammalisto K, Sundström A, Holm T. *Implementation of sustainability in universities as perceived by faculty and staff-a model from a Swedish university* [J]. Journal of Cleaner Production. 2015, 106 (33): 45-54.

[47] Shin JC, Postiglione GA, Ho KC. *Challenges for doctoral education in*

East Asia: A global and comparative perspective [J]. Asia Pacific Education Review, 2018 (2): 141-155

[48] Shirokova, Galina. *The Moderating Role of National Culture in the Relationship Between University Entrepreneurship Offerings and Student Start-Up Activity: An Embeddedness Perspective* [J]. Journal of Small Business Management, 2018 (1).

[49] Smeby J-C. *Disciplinary Differences in Norwegian Graduate Education* [J]. Studies in Higher Education, 2000, 25 (1): 54.

[50] Srivastava S. *A Study of Awareness of Cultural Heritage among the Teachers at University Level* [J]. Universal Journal of Educational Research, 2015, 3 (5): 336-344.

[51] Standish, Alex. *The London Geography Alliance: Re-Connecting the School Subject with the University Discipline* [J]. London Review of Education, 2016 (9).

[52] Tarafdar M, Davison RM. *Research in Information Systems: Intra-Disciplinary and Inter-Disciplinary Approaches* [J]. Journal of the Association for Information Systems, 2018 (6): 523-551.

[53] Tofallis, Chris. *A different approach to university rankings* [J]. Higher Education, 2012 (1).

[54] Tsuji N, Dyck A, Mauldin K, et al. *Effect of Multicultural Cooking Classes on Cultural Competency of University Students* [J]. Journal of the Academy of Nutrition and Dietetics, 2016, 116 (9): 272.

[55] Tuunainen J. *When Disciplinary Worlds Collide: The Organizational Ecology of Disciplines in a University Department* [J]. Symbolic Interaction, 2005, 28 (2): 205-228.

[56] Vartiainen, Perttu. *Campus-Based Tensions in the Structural Development of a Newly Merged University: The Case of the University of Eastern Finland* [J]. Tertiary Education and Management, 2017 (23): 53-68.

[57] Walsh P. *Establishment of an American Branch-Campus Model of Higher*

Education: *Qatar's Early Goals, Rationales, and Challenges* [J]. Athens Journal of Education, 2019, 64 (4): 271-289.

[58] Wang, Xiwei. *Factors of mobile library user behavioral intention from the perspective of information ecology* [J]. Nanaxue. Electronic Library, 2018 (4).

[59] Weifang, Min. *Address Regarding First-Class Universities* [J]. Chinese Education and Society, 2004 (12): 8-20.

[60] Whittaker RH, Levin SA, Root RB. *Niche, habitat, and ecotope* [J]. The American Naturalist, 973, 107.

[61] Zhu C-Q. *The niche ecostate-ecorole theory and expansion hypothesis* [J]. Acta Ecologica Sinica, 1997, 17 (3).

后　记

"双一流"建设是目前国家在高等教育领域的重要战略举措，关乎高等教育强国的实现。学科是大学的基本单元，良好的学科生态关乎一流大学建设的成败。文化在学科生态生成和治理中发挥着重要作用。从文化的视角探究一流大学学科生态的生成和治理具有重要的理论价值和现实意义。

本书是2018年国家社会科学基金教育学一般课题"文化视野中的一流大学学科生态生成机理与治理策略研究"（BIA180211）的最终研究成果。2018年7月课题正式立项，历时3年多的研究发表了一些相关研究成果，并为所在大学学科生态的改进与完善提出了一些决策建议。

本书的写作过程中，多次征求课题组成员的意见并集中讨论，但由于课题本身的复杂性，加之我们的水平有限，书中难免存在不足之处，研究所涉及的问题也难免挂一漏万，敬请学界同行批评指正。

感谢国家社会科学基金"十三五"规划的经费资助，感谢中国地质大学（武汉）基本科研业务费教育学培育计划为本书出版提供的部分经费资助。感谢中国地质大学（武汉）教育研究院全体师生对本课题的关心和支持！中国地质大学（武汉）教育研究院研究生王如雪、赵文华、黄冰、熊英、张洁、李海涵、敖柳霞等为本书做了一定的工作，在此也一并表示感谢！感谢光明日报出版社为本书出版所做的努力和辛勤付出！

最后，作为课题项目的负责人，我要特别感谢课题组成员对我的理解、支持和宽容，感谢他们无私的奉献和各种帮助！希望此书的出版，能够引发同行的一些共鸣或者起到一定抛砖引玉的作用。

蒋洪池

2022 年 8 月于江城武汉